Les politiques linguistiques

LOUIS-JEAN CALVET
Professeur à la Sorbonne

DU MÊME AUTEUR

AUX ÉDITIONS PAYOT

Roland Barthes, un regard politique sur le signe.
Linguistique et colonialisme, petit traité de glottophagie.
Pour et contre Saussure.
La production révolutionnaire : slogans, affiches, chansons.
Les jeux de la société.
Langue, corps, société.
Chanson et société.
L'automne à Canton.
La guerre des langues et les politiques linguistiques.
Histoires de mots.
L'argot en vingt leçons.
Les voix de la ville, introduction à la sociolinguistique urbaine.

AUX ÉDITIONS DU SEUIL

Cent ans de chanson française (en collaboration).

AUX PRESSES UNIVERSITAIRES DE FRANCE

Les sigles.
Les langues véhiculaires.
La tradition orale.
La (socio)linguistique.
L'argot.

AUX ÉDITIONS FLAMMATION

Roland Barthes.

AUX ÉDITIONS LIEU COMMUN

Georges Brassens.

AUX ÉDITIONS PLON

L'Europe et ses langues.

ISBN 2 13 047489 6

Dépôt légal — 1re édition : 1996 février

108, boulevard Saint-Germain, 75006 Paris

Chapitre I

AUX ORIGINES DE LA POLITIQUE LINGUISTIQUE

L'intervention humaine sur la langue ou sur les situations linguistiques n'est pas chose nouvelle : depuis toujours des individus ont tenté de légiférer, de dire le bon usage ou d'intervenir sur la forme de la langue, depuis toujours aussi le pouvoir politique a privilégié telle ou telle langue, choisi de gérer l'Etat dans une langue ou d'imposer à la majorité la langue d'une minorité. Mais la *politique linguistique*, détermination des grands choix en matière de rapports entre les langues et la société, et sa mise en pratique, la *planification linguistique*, sont des concepts récents qui ne recouvrent qu'en partie ces pratiques anciennes. Si nous verrons par exemple que le choix d'un alphabet pour une langue relève de la politique linguistique, cela ne signifie pas que Cyrille et Méthode, lorsqu'ils créent l'alphabet glagolitique, ancêtre du cyrillique, ou que Thonmi Sambhota, lorsqu'il fixe l'aphabet tibétain, écrivent un chapitre de l'histoire de la politique linguistique. De la même façon, si dans certains pays comme la Turquie ou l'Indonésie on a forgé la langue de l'Etat, intervenant sur une langue existante pour la moderniser, l'adapter aux besoins du pays, nous ne mettrons pas sur le même plan les inventeurs de langues artificielles (ido, espéranto, volapück, etc.) dont les créations sont le plus souvent restées dans leurs tiroirs. Car la politique linguistique est inséparable de son application, et c'est donc au couple *politique linguistique* et *planification linguistique* qu'est consacré ce livre.

Nous allons dans ce premier chapitre suivre l'apparition de ce couple dans la seconde moitié du vingtième siècle et montrer les relations qu'il entretient avec les grands enjeux politiques de cette époque.

I. — Naissance du concept et de son champ d'application

Le syntagme *language planning*, qui sera traduit en français par *planification linguistique*, apparaît en 1959 sous la plume de Einar Haugen[1], à propos des problèmes linguistiques de la Norvège. Il s'agissait pour lui de présenter l'intervention standardisatrice (par le biais de règles orthographiques, etc.) de l'Etat pour construire une identité nationale après des siècles de domination danoise. Haugen revient sur le même thème en 1964, lors d'une réunion organisée par William Bright à l'UCLA et qui marque l'émergence de la sociolinguistique[2]. Dans le même ouvrage, se trouve aussi un texte de Ferguson sur les *national profile formulas* sur lequel nous reviendrons au chapitre suivant, et lorsqu'on regarde la liste des participants (Bright, Haugen, Labov, Gumperz, Hymes, Samarin, Ferguson...) on se dit qu'il ne manque que Fishman pour compléter la « brochette » qui va, dans les années 70 et 80, représenter la sociolinguistique et/ou la sociologie du langage aux États-Unis. Ainsi, la « planification linguistique » est portée sur les fonts baptismaux *en même temps* que la sociolinguistique, et elle sera d'ailleurs définie un peu plus tard par J. Fishman comme de la sociolinguistique appliquée[3].

Puis Fishman, Ferguson et Das Gupta publient en 1968 un ouvrage collectif[4] consacré aux problèmes lin-

1. Einar Haugen, Planning in Modern Norway, in *Anthropological Linguistics,* 1/3, 1959.

2. Einar Haugen, Linguistics and Language Planning, *in* William Bright, *Sociolinguistics,* La Haye, Mouton, 1966.

3. Joshua Fishman, *Sociolinguistics,* Rowley, Mass., Newbury House Publishers, 1970.

4. *Language Problems of Developing Nations,* New York, 1968.

guistiques des pays en voie de développement et, durant l'année universitaire 1968-1969, quatre chercheurs, Jyotirindra Das Gupta, Joshua Fishman, Björn Jernudd et Joan Rubin, se réunissent à l'East-West Center d'Hawaï pour réfléchir à la nature de la planification linguistique. Ils organisent du 7 au 10 mars 1969 une réunion sur le même thème à laquelle sont invités une dizaine de personnes (anthropologues, linguistes, sociologues, économistes...) ayant toutes travaillé dans le domaine de la politique ou de la planification linguistique. Il sortira de cette rencontre un ouvrage, *Can Language be Planned ?*, « la langue peut-elle être planifiée ? »[1], qui fait le point sur l'état de la question à cette époque.

J. Rubin, J. Das Gupta, B. Jernudd, J. Fishman et C. Ferguson : nous avons là une sorte de « bande des cinq » anglophones qui va, pendant des années, être au centre de la réflexion sur ce domaine nouveau (nous verrons plus loin que les mêmes thèmes vont être également abordés par des chercheurs francophones, germanophones et hispanophones). On peut en particulier suivre les progrès de la planification linguistique à travers les publications d'une collection (« Contributions to the Sociology of Language ») que dirige Joshua Fishman aux Éditions Mouton. On y trouve en effet, en quelques années, une impressionnante concentration d'ouvrages :

— *Advances in Language Planning*, ed. by J. Fishman, 1974 ;
— *Language and Politics*, ed. by William O'Barr and Jean O'Barr, 1976 ;
— *Selection among Alternates in Language Standardization, the Case of Albanian*, by Janet Byron, 1976 ;
— *Language Planning for Modernization, the Case of Indonesian and Malaysian*, by S. Takdir Alisjabana, 1976 ;

1. *Can Language be Planned ?*, edited by Joan Rubin and Björn Jernudd, Honolulu, The University Press of Hawaï, 1971.

— *Advances in the Study of Societal Multilingualism*, ed. by J. Fishman, 1977 ;
— *Language Planning Processes*, ed. by J. Rubin, B. Jernudd, J. Das Gupta, J. Fishman, C. Ferguson, 1977 ;
— *Advances in the Creation and Revision of Writing Systems*, ed. by J. Fishman, 1977 ;
— *Colonialism and Language Policy in Vietnam*, by John DeFrancis, 1977, etc.

Et l'on voit à travers ces titres comme un résumé de l'histoire du concept, avec l'alternance entre une approche générale et des études de cas (l'Albanie, l'Indonésie, la Malaisie, le Vietnam...).

Parallèlement apparaît la notion de *politique linguistique*, en anglais (Fishman, *Sociolinguistics*, 1970), en espagnol (Rafael Ninyoles, *Estructura social y politica linguistica*, Valencia, 1975), en allemand (Helmut Glück, Sprachtheorie und Sprach(en)politik, *OBST*, 18, 1981), en français. Dans tous les cas et dans toutes les définitions, les rapports entre la politique linguistique et la planification linguistique sont des rapports de subordination : ainsi, pour Fishman, la planification est-elle la mise en œuvre d'une politique linguistique, et les définitions ultérieures, dans leur variété, ne s'écarteront guère de cette vision. En 1994 par exemple Pierre-Étienne Laporte présentera la politique linguistique comme un cadre juridique et l'aménagement linguistique comme l'ensemble d'actions ayant « pour objet de préciser et d'assurer un certain statut à une ou plusieurs langues »[1]. Car dans l'intervalle, en marge du courant dominant, d'autres appellations sont apparues : *aménagement linguistique* au Québec, *normalisation* en Catalogne, avec chaque fois des effets de sens particuliers et d'importance inégale. Les Catalans par exemple (Lluis Aracil tout d'abord puis l'ensemble des chercheurs que l'on regroupe sous l'étiquette

1. Pierre-Étienne Laporte, Les mots clés du discours politique en aménagement linguistique au Québec et au Canada, in *Le plurilinguisme européen*, Paris, 1994, p. 97-98.

de « sociolinguistique catalane ») veulent distinguer la *normalisation* de la *substitution* ou de *l'assimilation*. Dans un conflit linguistique dans lequel l'espagnol est langue dominante et le catalan langue dominée, il convient pour eux de « normaliser » une situation « anormale ». Il s'agit en fait plus d'un programme politique que d'un concept : face à l'espagnol imposé par le pouvoir franquiste, les linguistes catalans militent pour leur langue qu'ils veulent promouvoir aux fonctions jusque-là occupées par la langue de l'État. Les Québécois de leur côté préfèrent *aménagement linguistique* à *planification* pour éviter de faire référence à l'intervention planificatrice de l'État. Ici la différence n'est absolument pas théorique mais constitue plutôt une question d'emballage : on présente le même produit sous un autre nom, et Rainer Enrique Hamel a raison de souligner que « les trois termes, planification, normalisation et aménagement réfèrent au même noyau conceptuel mais se distinguent par leurs connotations »[1]. Dans le même ordre d'idée, le terme *glottopolitique* apparaîtra en français sous la plume de Marcellesi et Guespin, avec des définitions hésitantes[2], sans que cette innovation terminologique ne bouleverse le champ conceptuel considéré.

Dans cet ensemble de textes et d'analyses il faut noter une importante différence de point de vue entre les chercheurs américains et les chercheurs européens. Les premiers ont tendance à mettre surtout l'accent sur les aspects techniques de cette intervention sur les situations linguistiques que constitue la planification et se posent bien peu la question du pouvoir qui se trouve derrière les décideurs. La planification semble pour eux bien plus

1. Politicas y planificacion del lenguaje, in *Iztapalapa,* n° 20, 1993, Mexico, p. 11.

2. La glottopolitique c'est essentiellement le problème de la minoration (Marcellesi, De la crise de la linguistique à la linguistique de la crise : la sociolinguistique, in *La Pensée,* n° 209, 1980), ou encore elle « désigne les diverses approches qu'une société a de l'action sur le langage, qu'elle en soit ou non consciente » (Guespin et Marcellesi, Pour la glottopolitique, *Langages*, n° 83, 1986).

importante que la politique, et l'on a parfois l'impression qu'ils imaginent volontiers la possibilité d'une planification sans politique : le syntagme *language planning* a ainsi pu couvrir seul pendant plusieurs années un domaine qui relève manifestement de deux démarches complémentaires, certes, mais qu'il faut soigneusement distinguer : les décisions du pouvoir (la politique) et le passage à l'acte (la planification). En revanche les chercheurs européens (français, espagnols, allemands) semblent plus concernés par la question du pouvoir, même si les sociolinguistes catalans se situent dans un système de remplacement d'un pouvoir par un autre.

Par ailleurs, la période au cours de laquelle apparaissent, dans la littérature scientifique, à la fois ces notions et les tentatives de mettre en équation les situations de plurilinguisme (diglossie, formules typologiques...) que nous présenterons au chapitre suivant n'est pas sans liens avec l'époque. Les premiers textes de Haugen (sur la planification linguistique en Norvège) et de Ferguson (sur la diglossie) datent de la même année, 1959, et les années 60 et 70 vont voir se multiplier les publications dans ces deux domaines. Or ces années sont celles qui suivent immédiatement la décolonisation de nombreux pays africains et asiatiques, et le titre d'un des premiers ouvrages publiés dans ce domaine, *Language Problems of Developing Nations* (New York, 1968), est caractéristique du champ conceptuel dans lequel naît cette discipline. Parallèlement on voit apparaître des réflexions sur les rapports entre langue et nationalisme (Joshua Fishman, *Language and Nationalism*, Newbury House Publishers, Rowley, Mass, 1972), sur la situation linguistique des anciennes colonies (Louis-Jean Calvet, *Linguistique et colonialisme*, Paris, 1974), sur la situation de la langue catalane en Espagne (Aracil, Ninyoles). Dans *Can Language be Planned* (1971) les études de cas portent sur l'Irlande, Israël, les Philippines, l'Afrique de l'Est, la Turquie, l'Indonésie, le Pakistan : dans tout cela on a l'impression que l'accent est mis sur les pays neufs, récemment indépendants, en voie de développement, comme si les pays européens n'étaient pas concernés par la politique linguistique. Et, dans le début des années 90, une collection d'ouvrages publiée en France, sous la direction de Robert Chaudenson, fera par son titre même (langues et développement) écho à l'ouvrage de 1968 signalé plus haut : la politique linguistique semble être née comme réponse aux problèmes des pays « en voie de développement » ou des minorités linguistiques.

Plus tard les problèmes linguistiques du Québec, ceux suscités aux États-Unis par l'immigration hispanophone puis, en Europe, par la construction de la CEE, montreront que politique et planification linguistiques ne sont pas seulement liées au développement ou aux situations postcoloniales. Le texte fondateur de Haugen sur la Norvège aurait pu le laisser penser : les rapports entre langue(s) et vie sociale sont à la fois des problèmes d'identités, de culture, d'économie, de développement, problèmes auxquels n'échappe aucun pays. Et l'on se rendra compte qu'il y a aussi une politique linguistique de la francophonie, de l'anglophonie, etc. De ce point de vue, l'émergence de nouvelles nations aura simplement servi de révélateur.

Répétons-le, nous traitons ici de l'émergence d'un concept, celui de politique/planification linguistique, qui implique à la fois une approche scientifique des situations sociolinguistiques, l'élaboration d'un type d'intervention sur ces situations et les moyens de cette intervention. On peut en trouver des préfigurations au caractère incontestablement scientifique chez les linguistes du cercle de Prague par exemple, qui sont intervenus dans le domaine de la standardisation du tchèque[1], ou chez Antoine Meillet qui a donné son point de vue sur l'Europe linguistique[2]. Mais il ne s'agit là que de préfigurations, que nous avons choisi de ne pas évoquer dans cette brève présentation historique.

1. Voir Didier de Robillard, *L'aménagement linguistique : problématiques et perspectives,* thèse, Université de Provence, 1989, t. 1, p. 53-71.

2. Louis-Jean Calvet, Antoine Meillet, la politique linguistique et l'Europe : les mains sales, in *Plurilinguismes*, n° 5, Paris, CERPL, 1993.

II. — Le premier modèle de Haugen

Lorsque le terme *planning*, « planification », apparaît dans la littérature linguistique, il est pris en son sens économique et étatique : détermination d'objectifs (un plan) et mise en œuvre les moyens nécessaires pour atteindre ces objectifs. C'est ainsi que l'on peut parler de la *planification des naissances*, de la *planification de l'économie*, etc. Dans les années 20 et 30, seule l'URSS disposait d'un *plan*, et c'est essentiellement dans la seconde partie de ce siècle que cette pratique s'est généralisée. Mais cette généralisation s'est faite sur des principes différents. Il faut en effet distinguer la *planification indicative* ou *incitative*, qui repose sur la concertation entre les différentes forces sociales, et la *planification impérative*, qui implique la socialisation des moyens de productions. La première est celle pratiquée dans les pays occidentaux, la seconde caractérisait les pays de l'Est. Dans les deux cas cependant, cette planification a des points en commun : elle est nationale, elle repose sur l'analyse de perspectives à moyen et long terme, elle passe par l'élaboration puis par l'exécution d'un plan, enfin elle est susceptible d'évaluation.

L'aspect « national » ou « étatique » de la politique linguistique, qui apparaît ici, est un trait important de sa définition. En effet, n 'importe quel groupe peut élaborer une politique linguistique : une diaspora (les sourds, les gitans, les yiddishophones...) peut se réunir en congrès pour décider d'une politique, et un groupe minoritaire à l'intérieur d'un État (les Bretons en France par exemple, ou les Indiens quichuas en Équateur) peut en faire de même. Mais seul l'État a le pouvoir et les moyens de passer au stade de la planification, de mettre en pratique ses choix politiques. C'est pourquoi, sans exclure la possibilité de politiques linguistiques qui transcendent les frontières (c'est par exemple le cas de la francophonie, mais il s'agit là d'une réunion d'États) ni celle de politique linguistique concernant des entités plus petites que l'État (sur les langues régionales par exemple), il faut admettre que, dans la plupart des cas, les politiques linguistiques sont le fait de l'État ou d'une entité disposant au sein de l'État d'une certaine autonomie politique (comme la Catalogne, la Galice ou le Pays basque en Espagne).

La façon dont, dans sa communication à la réunion de Los Angeles en 1964, Haugen définissait la notion de *planification* montre qu'il se situait dans ce champ idéologique : « La planification est une activité humaine qui vient du besoin de trouver une solution à un problème. Elle peut être complètement informelle et *ad hoc*, mais elle peut aussi être organisée et délibérée. Elle peut être entreprise par des individus privés ou être officielle. (....) Si la planification est bien faite, elle comprendra des étapes telles que la recherche extensive de données, la prise en compte de plans d'actions alternatifs, la prise de décision et sa mise en œuvre. »[1]

En fait, Haugen partait essentiellement du problème de la norme linguistique et de la standardisation. Il citait par exemple le grammairien indien Panini (qui vécut au IVe siècle avant notre ère), ou encore les grammairiens grecs et latins, définissait la planification linguistique comme « l'évaluation du changement linguistique » et, conscient des contradictions entre cette approche et les positions résolument *descriptives* et non normative de la linguistique, il posait que la planification linguistique devait être une tentative d'influencer les choix en matière de langue, se situant ainsi implicitement du côté de ce que j'ai appelé plus haut la planification indicative. En outre, ses références passaient par la *théorie de la décision*, essentiellement utilisée dans le domaine du « management » ou, si l'on préfère, de la gestion économique. En ce domaine, on utilise en général le modèle de Herbert Simon qui distingue quatre phases :

— diagnostic d'un problème ;
— conception des solutions possibles ;
— choix d'une des solutions ;
— évaluation de la solution retenue.

1. *Op. cit.*, p. 51-52.

Et le plan choisi par Haugen pour présenter la planification linguistique était directement inspiré de ce modèle, puisqu'il analysait les différents stades d'une planification linguistique comme une « procédure de décision » : les problèmes, les décideurs, les alternatives, l'évaluation et la mise en œuvre.

— *Les problèmes* se ramènent tous pour lui au cas général de la non-communication : il peut y avoir échec relatif, lorsque les locuteurs parlent des formes différentes de la même langue, ou échec total, lorsque des locuteurs ne parlent pas la même langue.

— *Les décideurs.* Qui dispose de l'autorité suffisante pour diriger et contrôler le changement linguistique ? Haugen note tout d'abord que l'apparition des premières grammaires et des premiers dictionnaires des langues modernes coïncident aux XVe et XVIe siècles avec l'émergence de pays riches et puissants. C'est par exemple le cas de la grammaire de Nebrija pour l'espagnol (1492), de la fondation de l'Académie française par Richelieu (1635), etc. Puis, à partir du XIXe siècle, les progrès de l'instruction et la diffusion de la littérature rendirent nécessaire une standardisation des langues et l'on vit fleurir des individus se préoccupant de normaliser leur langue : Mistral pour le provençal, Aasen pour le danois, Korais pour le grec, etc. Ces hommes, ces premiers « planificateurs linguistiques », qui étaient pour lui à moitié linguistes et à moitié patriotes, étaient donc des individus isolés et leur œuvre relève de l'initiative individuelle. A l'inverse, l'intervention sur la langue turque décidée par Atatürk relève de la dictature, et l'on trouve entre ces deux extrêmes toute une variété d'organisations qui sont intervenues sur la langue : églises, sociétés littéraires ou scientifiques, etc.

— *Les alternatives.* Haugen souligne tout d'abord que même s'il y a des groupes plus petits que la « nation », comme les Gallois, ou plus grands que la « nation », comme les Juifs, qui ont des problèmes linguistiques, c'est au sein de la « nation » que l'on trouve les moyens officiels de développer une planification linguistique. Puis, faisant référence aux fonctions de la langue telles que les a développées Jakobson, Haugen explique que la langue ne sert pas seulement à communiquer de l'information, qu'elle dit aussi des choses sur le locuteur, sur le groupe. La fonction de communication pousse à *l'uniformité* du code, la fonction d'expression pousse au contraire à sa *diversification*. C'est pourquoi le but de la planification n'est pas nécessairement d'aboutir à un code uniforme : elle peut viser la diversité ou l'uniformité, le changement ou la stabilité.

— *L'évaluation* des différentes solutions passe par l'identification des formes linguistiques concernées, afin de fixer les limites dans lesquelles il est possible d'intervenir. Il convient de savoir s'il existe une norme ou des normes, s'il existe une orthographe ou des orthographes. Enfin, il faut se doter de critères objectifs qui, en relation avec les buts visés, permettront de choisir la solution. De façon générale, écrit Haugen, une forme linguistique est efficace si elle est facile à apprendre et facile à utiliser.

— *La mise en œuvre*. Haugen souligne que les décideurs sont, au bout du compte, les utilisateurs de la langue, et que c'est donc eux qu'il faut mener à accepter la solution choisie. De ce point de vue, l'individu n'a guère de poids, sinon celui que lui donne son autorité personnelle ou scientifique. Par contre le gouvernement contrôle le système scolaire, les médias, et la meilleure stratégie consiste pour lui à introduire la réforme linguistique choisie par le biais de l'école.

Le lecteur de ce texte ne peut qu'être frappé par le fait que Haugen, à cette époque, n'invente rien. Connaissant bien l'histoire linguistique de la Norvège, il emprunte quelques concepts à l'économie (planification) et à la gestion (théorie des décisions) et les plaque sur des exemples d'intervention étatique sur les langues (Norvège, Grèce, Turquie, etc.). Ainsi, proposant un nouveau syntagme, la *planification linguistique*, il ne crée pas pour autant un concept mais délimite plutôt un domaine d'activité, sans développer la moindre critique des notions qu'il emprunte. En particulier, il ne se pose que peu le problème du pouvoir, des relations de force dont témoignent les relations linguistiques, ce qui s'explique en partie par le fait qu'il ne prenne pas en compte le plurilinguisme, les problèmes de rapports entre les langues, mais aussi par le fait qu'il se situe dans une conception libérale américaine de la planification. Il ne se pose pas non plus le problème du contrôle démocratique sur les décisions des planificateurs, considérant que l'État doit choisir et appliquer la solution qui lui paraît être la meilleure pour résoudre un problème. Il y a en fait dans tout cela l'exportation et l'application mécaniste de modèles utilisés dans l'économie libérale et la gestion des entreprises, sans aucune analyse sociologique des rapports de forces en jeu. La planification linguistique se ramène essentiellement à cette époque à la proposition de solutions concernant la standardisation des langues, sans que les liens entre langues et sociétés soient vraiment pris en compte.

III. — **L'approche « instrumentaliste » : P. S. Ray et V. Tauli**

Les définitions présentant la langue comme un « instrument de communication » ne manquent pas et l'on voit aisément ce qu'elles ont de restrictif, faisant l'impasse sur ce qu'il y a d'essentiel dans la langue, c'est-à-dire ses liens avec la société. C'est au prix de cette restriction qu'ont pu se construire les approches structuralistes de la langue, et c'est contre elle que s'est développée une nouvelle façon d'aborder les faits de langues, que l'on a baptisé « sociolinguistique » mais qui constitue en fait *la* linguistique au sens large, allant jusqu'au bout des implications de la définition de la langue comme « fait social ».

On retrouve cette approche instrumentaliste dans certains textes qui marquent l'émergence de la politique linguistique. Ainsi Punya S. Ray, dans un ouvrage publié en 1963[1], insistait-il sur la caractère instrumental de la langue et considérait qu'on pouvait en améliorer le fonctionnement en intervenant sur l'écriture, la grammaire ou le lexique. Son approche était relativement simpliste : on peut d'une part évaluer l'efficacité d'une langue, sa rationalité, sa normalisation, et d'autre part améliorer la langue de ces différents points de vue, comme on change sur une machine une pièce défectueuse.

On peut donc être critique sur cette façon de considérer la langue comme un outil dont on améliore le fonctionnement, mais il demeure que le problème de l'*évaluation* (ici des langues, ailleurs des situations linguistiques) sera au centre des réflexions préalables à une intervention planificatrice. Comment mesurer le degré d'efficacité d'une langue ? Cette question, qui est au centre de l'intervention de Ray, est bien entendu mal posée et donc sans réponse. Une langue n'est pas en elle-même rationnelle ou efficace, elle répond ou ne répond à des besoins sociaux, elle suit ou ne suit pas la progression de la demande sociale. Le problème est donc de savoir dans quelle mesure l'organisation linguistique d'une société (les langues en présence, leurs domaines d'usage, etc.) répond aux besoins de communication de cette société, mais cette approche était difficilement imaginable au début des années 60, en l'absence de formalisation de la sociolinguistique naissante.

Valter Tauli se situe sur les mêmes positions lorsqu'il propose, en 1968, une « introduction à une théorie de la planification linguistique »[2]. Il fait certes, ici ou là, quelques références à la nature sociale de la langue, comme par obligation, mais pour lui la langue est essentiellement un instrument, au sens le plus banal du terme, un instrument dont on peut améliorer le fonctionnement, ce qui est

1. Punya S. Ray, *Language Standardization : Studies in Prescriptive Linguistics,* La Haye, Mouton, 1963.

2. *Introduction to a Theory of Language Planning,* Uppsala, 1968, mais rédigé dès 1962.

la tâche de la planification linguistique. En 1962 déjà il présentait cette position avec force :

« Puisque la langue est un *instrument*, il s'ensuit qu'une langue peut être évaluée, altérée, corrigée, régulée, améliorée, et de nouvelles langues peuvent être créées à volonté. »[1]

Mais comment évaluer une langue ? Tauli imagine cette évaluation sur le modèle du décathlon, cette compétition sportive dans laquelle les athlètes concurrents se voient attribuer un certain nombre de points selon leurs performances dans dix disciplines différentes. Mais cette métaphore ne lui fournit pas pour autant les moyens d'évaluer globalement une langue, et il en est réduit à une approche pointilliste, sélectionnant certains domaines en faisant preuve d'un étonnant dogmatisme. Ainsi, pour lui, l'ordre « normal » des mots dans la phrase est l'ordre sujet-verbe, la distinction entre masculin, féminin ou neutre est inutile et absurde, l'écriture doit être alphabétique et fondée sur une analyse phonologique, etc., et le rôle du planificateur sera de modifier l'instrument langue pour le rapprocher de cette normalité. « La planification linguistique, écrit Tauli, est une activité dont le but est l'amélioration et la création de langues. »[2]

Si les positions de Ray et Tauli, parfois aux limites de l'absurde, ressemblent donc à une impasse, elles témoignent cependant des liens entre le degré de conceptualisation auquel était parvenu la linguistique et le mode de théorisation de la planification linguistique. Cet instrumentalisme a été rendu possible par une linguistique qui analysait la langue d'un point de vue interne, en faisant abstraction de son aspect social, et ses positions parfois caricaturales soulignent du même coup les défauts, les insuffisances de cette linguistique.

Le lecteur aura remarqué que, jusqu'ici, les théoriciens de la planification linguistique ne semblent s'intéresser

1. Valter Tauli, Practical Linguistics : The Theory of Language Planning, *Proceedings of the Ninth Congress of Linguists,* Cambridge, Mass., 1962, La Haye, Mouton, 1964, p. 605.

2. *Op. cit.,* p. 608.

qu'à *la* langue, à sa standardisation, son « amélioration », et cela aussi est à mettre au compte de la linguistique structurale, de son approche interne. Mais la planification linguistique va bientôt s'intéresser à d'autres questions, passer des problèmes de forme à des problèmes de statut, évolution parallèle à celle de la linguistique devenant lentement *socio*linguistique.

IV. — Le second modèle de Haugen

En 1967, Heinz Kloss avait proposé de distinguer entre « langues Abstand » (en allemand : « distance », « écart ») et « langues Ausbau » (en allemand « développement ») : d'une part les langues qui sont perçues comme isolées, indépendantes, et d'autre part celles qui sont perçues comme liées à des langues proches, d'une même famille[1]. Cette distinction n'était pas sans retombées sur les problèmes de planification linguistique. Ainsi le grec par exemple, langue « Abstand », tout comme le basque ou le hongrois, n'est pas perçue comme participant d'un continuum de variations, au contraire de langues « Ausbau » comme l'italien, l'espagnol, le portugais ou le français, ou comme l'allemand, le danois, l'anglais, le néerlandais, et cette différence de statut a d'évidentes incidences sur les problèmes linguistiques de l'Europe. On peut en effet imaginer de diviser les pays de la CEE en deux groupes, celui des langues germaniques et celui des langues romanes, mais le grec ou le basque échappent à cette classification... Deux ans plus tard, Kloss introduisait une distinction, qui aura des retombées importances, entre *planification du corpus* et *planification du status*[2]. La planification du corpus concerne les interventions sur la forme de la langue (création d'une écriture, néologie, standardisation...), tandis que la planification du statut concerne les intervention sur les fonctions

1. Heinz Kloss, Abstand Languages and Ausbau Languages, in *Anthropological Languages,* 9, 1967.

2. Id., *Research Possibilities on Group Bilingualism: A Report,* Québec, CIRB, 1969.

de la langue, son statut social et ses rapports avec les autres langues. Ainsi on peut vouloir changer le vocabulaire d'une langue, créer des mots nouveaux, lutter contre les emprunts, et tout cela relève du corpus, mais on peut aussi vouloir modifier le statut d'une langue, la promouvoir en fonction de langue officielle, l'introduire à l'école, etc., et cela relève du statut. Cette distinction élargissait donc considérablement le champ de la politique linguistique et se séparait notablement de l'approche instrumentaliste que nous venons d'évoquer.

On observe depuis lors, dans la littérature concernant la planification linguistique, une tendance à présenter les diverses opérations en termes dichotomiques, à commencer par Haugen qui, en 1983, reprend cette distinction et l'intègre à son modèle[1]. Sa présentation est résumée dans le schéma suivant, qui croise les notions de *status* et *corpus* avec celles de *forme* de la langue et de *fonction* de la langue :

	Forme (planification linguistique)	*Fonction* (culture de la langue)
Société (planification du *status*)	1. *Choix* (processus décisionnel) *a)* identification du problème *b)* choix d'une norme	3. *Application* (processus éducationnel) *a)* correction *b)* évaluation
Langue (planification du *corpus*)	2. *Codification* (standardisation) *a)* transcription graphique *b)* syntaxe *c)* lexique	4. *Modernisation* (développement fonctionnel) *a)* modernisation de la terminologie *b)* développement stylistique

1. Einar Haugen, The Implementation of Corpus Planning : Theory and Practice, *in* Juan Cobarrubias and Joshua Fishman, *Progress in Language Planning. International Perspectives,* Mouton, 1983.

Prenons pour illustrer ce schéma un exemple concret, celui de l'Indonésie. Le premier temps est constitué par le choix d'une norme : on identifie le problème (stade 1*a*), ici la question de savoir quelle langue sera la langue de l'État, et l'on choisit de remplacer la langue coloniale, le néerlandais, par le malais (stade 1*b*). La décision est ici prise en 1928, lors d'une réunion du Parti national indonésien, c'est-à-dire bien avant que l'Indonésie n'accède à l'indépendance. Nous avons à ce moment précis de l'histoire un exemple de politique linguistique ne pouvant pas être mise en application puisque, nous l'avons dit, la planification nécessite l'État.

Dans un deuxième temps, on va standardiser cette langue aux niveaux graphique, syntaxique et lexical (stades 2*a, b* et *c*). Le malais était en effet une langue véhiculaire aux formes fluctuantes et il convenait d'en fixer une norme.

Puis, les problèmes formels étant réglés, on passe aux problèmes fonctionnels : mise en place de la diffusion de la forme retenue, correction, évaluation (3*a, b*). Mais cela ne pourra bien sûr se faire qu'après l'indépendance, en 1946.

Enfin, cette mise en place implique que la langue soit « modernisée », c'est-à-dire que l'on crée le vocabulaire et la stylistique nécessaires aux fonctions nouvelles qu'elle remplit. C'est ainsi que, en s'inspirant de préférence de mots malais, ou de mots d'autres langues locales ou de mots d'autres langues asiatiques, le Komisi Bahasa Indonesia (comité de la langue indonésienne) élabora le vocabulaire fonctionnel de la langue rebaptisée *bahasa indonesia*, « langue indonésienne ».

On voit que dans ce schéma le parcours de la planification linguistique esquissé par Haugen (du stade 1, choix d'une norme, au stade 4, modernisation de la langue) apparaît à la fois comme technique et bureaucratique : il y a un décideur (le plus souvent l'État) qui choisit une langue pour remplir une certaine fonction (par exemple la fonction officielle), confie à des spécialistes le soin de codifier cette langue puis met à l'œuvre son choix (la langue est utilisée aux différents niveaux de l'appareil d'État : enseignement, moyens de communication, etc.), le corrige éventuellement, etc. Mais nulle part dans ce schéma n'apparaît la moindre critique des processus de décision, la moindre suggestion d'une possible consultation démocratique des populations concernées ou d'un contrôle démocratique des stades 1 (choix) et 2 (codification) : si la langue appartient à ceux qui la parlent, le problème de la langue est ici la chose de l'État, et ceci ne manque pas, dans certaines situations, dont celle de la France, de générer des conflits entre cet État, les locuteurs de la langue nationale et les minorités linguistiques du territoire.

V. — L'apport de la sociolinguistique « native »

Dans tout ce qui précède les théoriciens et parfois les praticiens de la planification linguistique n'étaient pas impliqués personnellement dans les situations sur lesquelles ils intervenaient : leur statut était celui du spécialiste qui observe une situation, l'évalue, fait des propositions de changement ou d'aménagement et éventuellement les applique. Pour prendre une métaphore médicale, ils agissaient comme un chirurgien qui ouvre un corps, constate le mal et opère. L'originalité de l'apport des sociolinguistes catalans, occitans ou créolophones tient au fait que le chirurgien était en même temps le patient, que théorie et pratique étaient étroitement liées.

La situation de la Catalogne sous le franquisme aurait pu servir d'exemple à Ferguson lorsqu'il présenta son concept de diglossie : l'espagnol y était la variété haute, langue de l'État, de l'école, de la justice, etc., tandis que le catalan, variété basse, était réservé à la communication familiale, intime. Mais Ferguson avait une vision statique de la diglossie qui apparaissait chez lui comme une répartition fonctionnelle harmonieuse des usages, et c'est précisément cette vision qui va être mise en cause par des linguistes « natifs », c'est-à-dire issus de situations diglossiques, en particulier Robert Lafont du côté des occitans[1], Lambert-Félix Prudent du côté des créolophones[2] et Lluis Aracil du côté des catalans. La diglossie, disent-ils, n'est pas une coexistence harmonieuse entre deux variétés linguistiques mais une situation conflictuelle entre une langue dominante et une langue dominée. Or, écrit par exemple Lluis Aracil[3], ce conflit ne peut déboucher que sur deux situations : ou bien la langue dominée disparaît au profit de la langue dominante (c'est ce qu'il appelle la *substitution*) ou bien elle recouvre ses fonctions et ses droits (c'est ce qu'il appelle la *normalisation*).

Cette approche est à situer dans une analyse de type cybernétique des situations linguistiques, qui considère le couple langues/société comme un homéostat, c'est-à-dire comme un système fonctionnant sur le mode de l'autorégulation. Aracil proposait de distinguer entre les « fonctions sociales de la langue » et les « fonctions linguistiques de la société », les relations entre ces deux ensembles pouvant déboucher sur la substitution ou sur la normalisation. Dans le premier cas, lorsque les fonctions linguistiques de la société ne trouvent pas de réponse adéquate dans les fonctions sociales de la langue, ce déficit dans l'un des ensembles crée par « feedback positif » un déficit des fonctions réciproques dans l'autre ensemble, et cette amplification débouche, par multiplication du déficit initial, sur la *substitution*. Dans le second cas, au contraire, le déficit entraîne par « feedback négatif » une régulation, une autocorrection ou un effort compensatoire entre les fonctions linguistiques de la société et les fonctions sociales de la langue, qui débouche sur la *normalisation*.

1. Robert Lafont, Un problème de culpabilité sociologique : la diglossie franco-occitane, in *Langue française,* 9, 1971.

2. Lambert-Félix Prudent, Diglossie et interlecte, in *Langages*, 61, 1981.

3. Lluis Aracil, *Conflicte lingüistic i normalitzacio lingüistica a l'Europa nova,* 1965, en français (ronéoté), version catalane, Barcelona, 1982.

Sur ces points, donc, la sociolinguistique catalane fournissait à la politique linguistique venue d'Amérique du Nord un cadre théorique qui lui manquait, faisant le lien entre les situations linguistiques (par exemple la diglossie) et les situations sociales.

Ce modèle cybernétique est donc à l'origine descriptif, explicatif. Mais la notion de *normalisation linguistique* va peu à peu prendre en Catalogne un sens plus militant. En effet, le feedback négatif qui réorganise les fonctions linguistiques de la société est, sur le plan théorique, le produit d'une autorégulation. Mais on peut aussi imaginer que l'action militante débouche sur le même résultat en agissant sur la demande sociale pour justifier une offre linguistique. Par exemple, on peut considérer que la situation difficile de langues régionales comme le breton, l'occitan, le basque, etc., est le résultat d'une absence de demande sociale : ces langues existent mais n'ont pas d'utilité sociale et sont, à ce titre, condamnées à disparaître. Mais il est possible que l'intervention humaine (et non plus l'autorégulation homéostatique) agisse sur la demande sociale pour justifier l'offre linguistique : si des groupes réclament, pour des raisons identitaires par exemple, le droit à leurs langues, alors ces langues ont *ipso facto* un rôle et une place dans la société.

Ce glissement progressif du théorique vers le militant était bien sûr facilité par la situation de la Catalogne qui, après le retour de la démocratie en Espagne, recouvrait son autonomie et disposait de possibilités d'intervention politiques ou législatives. Ainsi, lorsqu'une loi de normalisation linguistique est promulguée en Catalogne (*Llei de Normalitzacio Lingüistica a Catalunya*, 23 avril 1983), la notion même de normalisation s'en trouve modifiée : elle n'est plus le produit de l'autorégulation mais celui de la volonté humaine, de l'intervention de la puissance publique.

J'ai indiqué plus haut que les premiers théoriciens – nord-américains – de la politique et de la planification linguistique pêchaient par manque de vision théorique, et qu'ils avaient tendance à négliger l'aspect social de l'intervention planificatrice sur les langues. Face à eux, les linguistes européens, en particuliers les linguistes locuteurs de langues dominées, ont donc insisté sur l'existence de conflits linguistiques et contribué notablement à enrichir la théorie. Mais leur situation même les poussait à mélanger les genres et à passer lentement du théorique vers le militant. Ce glissement a au moins le mérite de nous rappeler que dans *politique linguistique* il y a aussi *politique*, et que les interventions sur la langue et sur les langues on un caractère éminemment social et politique. Mais il nous rappelle en même temps que, si les sciences sont rarement à l'abri de contaminations idéologiques, la politique et la planification linguistiques n'échappent pas à la règle.

Chapitre II

LES TYPOLOGIES DES SITUATIONS PLURILINGUES

Nous avons suivi au chapitre précédent la naissance des notions de planification et de politique linguistiques. Mais la démarche qui apparaissait dans ces différents textes, partant du diagnostic d'un déficit de communication, d'un « problème », pour aboutir à la conception des solutions possibles puis au choix de l'une d'entre elles et afin à son application, impliquait que l'on dispose d'une part de moyens scientifiques d'évaluation des situations et d'autre part de moyens d'intervention sur ces situations. Et l'on comprend pourquoi, comme nous l'avons souligné, ces premières approches ne se préoccupaient que de l'intervention sur la langue : la linguistique n'avait pas à l'époque les moyens de décrire autre chose que la langue en elle-même, elle était incapable de saisir son objet d'étude dans ses relations avec la société et son histoire. C'est en effet parallèlement aux premières préoccupations de politique linguistique que se développe ce qu'on appelle aujourd'hui la sociolinguistique, et celle-ci va donner à celle-là les moyens scientifiques dont elle avait besoin. Ce sont ces instruments que nous allons présenter dans ce chapitre.

I. — **Ferguson et Stewart**

Parallèlement aux premiers textes sur la planification linguistique qui, nous l'avons vu, s'intéressaient essentiellement à l'action sur la langue et ne prenait donc pas en compte les situations plurilingues, pourtant largement majoritaires dans le monde, on voit paraître au début des années 60 des tentatives de mise en équation des situations plurilingues et la première d'entre elles est sans aucun doute l'article de Charles Ferguson sur la diglossie[1]. L'auteur y modélisait des situations dans lesquelles coexistent deux variétés d'une même langue (il en donnait quatre exemples : arabe classique / arabe dialectal, allemand standard / suisse allemand, katharevoussa / demotiki, français / créole haïtien), variétés qui sont utilisées dans des situations précises : ce qu'il appelait la « variété haute » dans les discours politiques, les sermons, les média, etc., et ce qu'il appelait la « variété basse » dans les conversations familiales, la vie quotidienne, la littérature populaire, etc. Joshua Fishman élargira ensuite le modèle, abandonnant l'idée de relation génétique entre ces deux « variétés »[2] : dorénavant on considère qu'il y a diglossie chaque fois que se manifeste une répartition fonctionnelle des usages entre deux langues ou deux formes d'une même langue, aussi bien donc entre l'arabe classique et l'arabe dialectal qu'entre une langue européenne et une ou plusieurs langues africaines. Et ce concept va connaître un énorme succès dans la littérature scientifique : entre 1960 et 1990 on a ainsi pu relever près de 3 000 articles ou ouvrages consacrés à la diglossie[3]. On lancera ensuite, avec des fortunes diverses, les notions de triglossie[4], de tétraglossie[5] : le texte de Ferguson avait fait école, et il n'y avait pas de raison d'arrêter ici le paradigme. Pourquoi en effet ne pas parler de « décaglossie », d'« écossiglossie » pour désigner des situations dans les-

1. Charles Ferguson, Diglossia, *Word,* 15, 1959.

2. Joshua Fishman, Bilingualism with and without Diglossia, Diglossia with and without Bilingualism, *Journal of Social Issues*, n° 32, 1967.

3. Mauro Fernandez, Diglossia, *A Comprehensive Bibliography 1960-1990,* Amsterdam/Philadelphia, John Benjamins Publishing Company, 1993.

4. Abderrahmin Youssi, La triglossie dans la typologie linguistique, *La Linguistique,* 19, 2, 1983.

5. Henri Gobard, *L'aliénation linguistique; analyse tétraglossique,* Paris, Flammarion, 1976.

quelles coexistent dix ou vingt langues ? Tout cela procédait en fait d'une totale incompréhension de ce qu'avait voulu faire Charles Ferguson. Son intention était en effet d'inaugurer une série de description de situations types, et il espérait que d'autres linguistes décriraient d'autres situations afin d'élaborer une taxinomie à partir de laquelle on construirait des principes descriptifs et une théorie.

Ferguson s'est longuement expliqué sur ce point dans un article récent : Diglossia revisited, *South West Journal of Linguistics,* V, 10, n° 1, 1991. Il y écrit en particulier : « Mes buts étaient, en ordre croissant : situations claires, taxinomie, principes, théories. »

On comprend mieux ce qu'il voulait faire lorsque l'on examine ses interventions ultérieures dans le domaine de la typologie des situations plurilingues. En effet, une autre préoccupation va se faire jour, une tentative de mettre en équation, ou en formules, les situations plurilingues de différents pays[1].

Et le texte de Ferguson consacré à ce problème est ici très clair. Dès sa première phase l'auteur précisait son but : comparer différentes situations. Puis il proposait de distinguer entre trois *catégories de langues* (*major languages, minor languages* et *languages of special status*), cinq *types de langues* (vernaculaire, standard, classique, pidgin, créole) et sept *fonctions* (grégaire, officielle, véhiculaire, langue d'enseignement, religion, langue internationale, langue objet d'enseignement). Ceci lui permettait de mettre une situation « en équation ». Il présentait par exemple la situation du Paraguay de la façon suivante :

$$3\ L = 2\ Lmaj(So, Vg) + 0\ Lmin + 1\ Lspec\ (Cr)$$

1. William Stewart, An Outline of Linguistic Typology for Describing Multilingualism, *Study on the Role of Second Languages in Asia, Africa and Latin America,* Washington, 1962 ; Charles Ferguson, National Sociolinguistic Profile Formula, *Sociolinguistics,* W. Bright éd., La Haye, Mouton,1966 ; William Stewart, A Sociolinguistic Typology for Describing National Multulingualism, *Reading in the Sociology of Language,* La Haye, Mouton, 1968.

formule qu'il convient de lire de la façon suivante : Il y a au Paraguay trois langues (3 L), deux langues majeures (2 Lmaj), l'une standardisée, officielle : le castillan (So) ; l'autre vernaculaire, grégaire : le guarani(Vg), aucune langue mineure (0 Lmin) et une langue spéciale, classique, religieuse : le latin (1 Lspc Cr).

On ne prête généralement pas suffisamment d'attention à la façon dont émergent les propositions scientifiques (voire même les découvertes), alors que nous pouvons y trouver un inestimable matériau épistémologique. Ici, la chose est particulièrement intéressante. De 1962 à 1964, à l'Université de Washington puis à Georgetown University, Charles Ferguson avait demandé à ses étudiants de décrire la situation sociolinguistique de différents pays, chacune des descriptions étant présentée et discutée en séminaire. Puis le travail évolua vers l'élaboration d'un format type : les descriptions devaient se présenter sous la forme d'un résumé d'une page en anglais courant (c'est-à-dire évitant le vocabulaire technique). Mais, dans la mesure où le point de départ était la volonté de *comparer* des situations, ces résumés étaient peu maniables. Ainsi naquit l'idée de ces *profile formulas.* Restait, bien sûr, à élaborer ces formules. Et tout d'abord, quelles langues retenir ? La réponse fut d'abord *intuitive* : « Parmi les langues que l'on devait inclure dans les descriptions, certaines semblaient clairement avoir une importance majeure dans le processus de communication nationale, d'autres avoir une moindre importance, d'autres encore avoir peu d'importance communicative directe mais jouir d'un statut spécial qui leur donnait une importance suffisante pour être incluses. Ces trois types de langues peuvent, de façon commode et transparente, être appelées *major language,* langue majeure (Lmaj), *minor language,* langue mineure (Lmin), et *languages of special status,* langue à statut spécial (Lspec). »[1] On passa *ensuite à la formalisation des critères* permettant de mettre telle langue

1. Ferguson, 1966, p. 310.

dans telle catégorie. Par exemple, une langue pouvait être considérée comme *major language* dans un pays donné si elle remplissait une des conditions suivantes :

— Être parlée par plus de 25 % de la population ou par plus d'un million de personnes (exemple : le quichua en Bolivie, parlé par un tiers de la population mais sans aucun statut officiel).

— Être langue officielle (l'irlandais par exemple, langue officielle de l'Irlande mais parlé par seulement 3 % de la population)

— Être langue d'enseignement de 50 % des écoles secondaires du pays (par exemple l'anglais en Ethiopie, pays dont la langue officielle est l'amharique et où peu de gens parlent anglais, qui est cependant la langue d'enseignement de la plupart des écoles secondaires et supérieures).

Et il en allait de même pour les *minor languages* et les *languages of special status* : la démarche consistait à *définir les catégories pour que les langues déjà retenues dans différentes situations nationales puissent y trouver place.* En d'autres termes, c'était le savoir des informateurs (en l'occurrence les étudiants participant au séminaire) sur leur communauté linguistique qui présidait à la création des catégories de langues et des critères de classement dans ces catégories. Par exemple, c'est sans doute parce que l'on considérait l'anglais comme une « langue majeure » en Éthiopie que la troisième condition de la définition fut retenue.

Mais ce genre d'informations (nombre de langues majeures, mineures, etc.) étaient assez limitées. Pour y ajouter des données sur les types et les fonctions des langues en présence Ferguson adopta une typologie proposée par Stewart en 1962, en réduisant le nombre de types de sept à cinq (il abandonnait les types « artificiel » et « marginal ») et en conservant les sept fonctions.

C'est donc un va-et-vient entre descriptions empiriques et formalisation qui a présidé à l'émergence du modèle de Ferguson. Cette démarche, qui va de la récolte des données à la tentative de construction d'un cadre théorique, est évidemment tout à fait cohérente, mais dans ce cas d'espèce elle présente un désavantage sérieux : tant que toutes les situations linguistiques n'auront pas été analysées de façon exhaustive, le cadre sera soumis à de constantes révisions, qui selon les cas pourront se traduire par une amélioration du modèle (c'est la version optimiste) ou par sa mise en cause (c'est la version pessimiste). Ferguson lui-même était d'ailleurs conscient des limites de l'entreprise, soulignant qu'il présentait « une solution peu satisfaisante à un problème auquel certains de mes étudiants et moi-même avons été confrontés depuis des années : comment comparer de façon utile des nations du point de vue sociolinguistique »[1], et il faisait également remarquer que certaines informations étaient absentes de ses formules (différence entre langues indigènes et langues de migrants, systèmes graphiques utilisés, taux d'analphabétisme, etc.).

En 1968, Stewart revient sur ce problème, qu'il a déjà abordé en 1962, de façon légèrement différente : il propose dorénavant de prendre en compte quatre *attributs* (standardisation, autonomie, historicité, vitalité) dont la combinaison (absence : – ou présence : + de l'attribut en question) permettait de définir sept *types de langues* selon le schéma qu'explicite le tableau suivant :

Attributs				
Standardisation	*Autonomie*	*Historicité*	*Vitalité*	*Types de langues*
+	+	+	+	standard
+	+	+	–	classique
+	+	–	–	artificiel
–	+	+	+	vernaculaire
–	–	+	+	dialecte
–	–	–	+	créole
–	–	–	–	pidgin

1. *Op. cit.*, p. 315.

Il ajoute en outre trois *fonctions* aux sept de Ferguson (provinciale, capitale, littéraire) et répartit les langues d'un pays en six *classes* selon le pourcentage de la population parlant la langue :

Classe 1 : langue parlée par plus de 75 % de la population.
Classe 2 : langue parlée par plus de 50 % de la population.
Classe 3 : langue parlée par plus de 25 % de la population.
Classe 4 : langue parlée par plus de 10 % de la population.
Classe 5 : langue parlée par plus de 5 % de la population.
Classe 1 : langue parlée par moins de 5 % de la population.

Cela lui permet de présenter par exemple la situation des îles Curaçao (Antilles néerlandaises) de la façon suivante :

Classe 1 : papiamentu K(d:H = espagnol)
(lire : un créole en situation diglossique avec l'espagnol, variété haute)

Classe 4 : hollandais So
(lire : un standard officiel)
anglais Sigs
(lire : un standard international, grégaire, langue enseignée)

Classe 5 : espagnol Sisl (d:L = papiamentu)
(lire : un standard international, enseignée, littéraire, en diglossie avec le papiamentu)

Classe 6 : hébreu Cr
(lire : un classique, religieux)
latin Crs
(lire : un classique, religieux, enseigné).

Ces tentatives de mise en équation des situations plurilingues prêtent le flanc à un certain nombre de critiques :

— Le choix des attributs de Stewart n'est pas toujours évident. Ainsi, dire que le créole n'a pas l'attribut « autonomie » (parce qu'on doit préciser « créole à base lexicale française, anglaise, portugaise, etc.) relève en partie de l'idéologie : pourquoi faudrait-il préciser *créole français* pour la langue parlée aux Seychelles par exemple et non pas *langue romane* pour le français ou *langue germanique* pour l'anglais ? N'y a-t-il pas derrière cette présentation le refus de considérer les créoles comme des langues à part entière, et une façon d'aborder les langues du point de vue du sens commun plutôt que de celui de la science ?

— Certaines classifications vieillissent vite (le créole haïtien serait par exemple aujourd'hui considéré comme standardisé, et beaucoup de langues africaines auraient en vingt ans changé de type), ce qui pose le problème de la dimension historique de ces formules *uniquement synchroniques*.

— Certaines fonctions ne sont pas évaluables de façon précises (ainsi il y a des langues « officiellement officielles », comme le gaélique en Irlande, dont le statut réel est nul, d'autres langues sans fonction officielle qui peuvent pourtant jouer un rôle important, comme le français à l'île Maurice...)

II. — **Les propositions de Fasold**

Cette approche illustrée par les travaux de Ferguson et de Stewart a d'ailleurs été longtemps abandonnée, et c'est Ralph Fasold qui y est revenu, en1984[1]. Il résume d'abord les textes de Ferguson et de Stewart que nous venons d'évoquer, puis prend le problème d'un point de vue légèrement différent :

— Il souligne d'une part une certaine prédictibilité des fonctions assumées par les langues, n'importe quelle langue ne pouvant remplir n'importe quelle fonction.

— Il raisonne d'autre part uniquement en termes d'attributs et de fonctions, une langue devant, pour remplir

1. Ralph Fasold, *The Sociolinguistics of Society,* Londres, Blackwell, 1984.

une fonction donnée, posséder certains attributs. Son point de vue est résumé dans le tableau suivant :

Fonctions	*Attributs sociolinguistiques requis*
officielle	1. standardisation 2. utilisée correctement par un certain nombre de citoyens éduqués
nationaliste	1. symbole d'identité nationale pour une partie importante de la population 2. largement utilisée dans la communication quotidienne 3. largement et couramment parlée dans le pays 4. pas d'alternative majeure dans le pays pour la même fonction 5. acceptable comme symbole d'authenticité 6. liens avec un passé glorieux
de groupe	1. utilisée par tous pour la conversation quotidienne 2. considérée par les locuteurs comme les unifiant et les séparant des autres
véhiculaire	1. considérée comme « apprenable » par au moins une minorité du pays
internationale	1. présente sur la liste des « langues internationales potentielles »
scolaire	1. standardisation égale ou plus grande que celle de la langue des élèves
religieuse	1. classique

Ces attributs, dont la présence garantit donc qu'une langue donnée peut remplir une fonction donnée, posent cependant quelques problèmes, en particulier les deux suivants :

— L'attribut « classique » nécessaire pour qu'une langue puisse remplir la fonction « religieuse » relève d'une certaine conception de la religion. Que dire par exemple de la langue du vaudou ? Ou des langues d'initiation africaines ? Il est peu probable que l'auteur les considère comme des langues classiques, ce qui témoigne d'une conception limitative de la religion.

— La liste des « langues internationales potentielles » de Fasold est instructive : l'auteur cite en effet l'anglais, l'espagnol, le russe, l'allemand, « perhaps Mandarin Chinese and maybe one or two others »[1] (« peut-être le chinois mandarin et une ou deux autres langues encore »), faisant ainsi la preuve d'une grande cécité sur des langues comme l'arabe, le swahili, le kichua, le bambara, le malais, etc., parlées dans plusieurs pays et donc au sens propre du termes *internationales.* On a ici l'impression que Fasold ne considère comme internationales que les langues admises comme langue de travail à l'ONU ou à l'Unesco : plutôt que de donner une définition univoque de la notion de langue internationale, qui lui permettrait de classer sans ambiguïté telle ou telle langue dans cette catégorie, il entérine le résultat d'un rapport de forces, d'un moment de l'histoire.

Il demeure cependant que l'idée de croisement entre attribut et fonction était intéressante et que la prédictibilité ainsi postulée aurait pu trouver un débouché dans le domaine de la planification linguistique. Voici par exemple la présentation que donnait Fasold de la situation du hindi, s'interrogeant sur le problème de savoir si cette langue pouvait remplir la fonction « nationaliste » en Inde.

Unité sociopolitique : Inde
Fonction : nationaliste
Langue : hindi

Attributs requis	*Attributs possédés*
1. symbole d'identité nationale	+/–
2. largement utilisée quotidiennement	+/–
3. largement et couramment parlée dans le pays	+/–
4. pas d'alternative majeure dans le pays	–
5. acceptable comme symbole d'authenticité	+
6. liens avec un passé glorieux	+/–

(+/– note que l'attribut est possédé uniquement pour une partie de la population : + pour les locuteurs du hindi, – pour les autres).

1. *Op. cit.,* p. 76.

Et cette présentation nous pousserait donc à conclure que le hindi a peu de chances de pouvoir remplir la fonction nationaliste en Inde... On voit l'intérêt, si cette approche était mieux affinée, d'établir ainsi des fiches pour toutes les langues d'un pays et pour toutes les fonctions potentielles de ces langues. Mais on a l'impression qu'après l'intervention de Fasold dans le débat cette direction de recherche a été une fois de plus abandonnée.

III. — La grille de Chaudenson

Plus récemment, Robert Chaudenson a cependant tenté d'élaborer un instrument de mesure et de comparaison du « statut » et du « corpus » de la langue française dans les pays de la francophonie[1]. Son approche consiste à situer les différents pays pris en compte par rapport aux fonctions (ou statut) et aux usages (ou corpus) d'une langue (ici le français, mais on pourrait, comme il le souligne lui-même, suivre la même démarche pour n'importe quelle autre langue : anglais, espagnol, etc.), ces pays apparaissant sous forme de point sur un graphique à deux dimensions.

Le problème est bien entendu ici de savoir comment mesurer le statut (pris par Chaudenson en un sens classique) et le corpus (défini par lui comme le volume de production linguistique réalisé dans la langue et la nature de la compétence linguistique des locuteurs). L'auteur a proposé un mode de quotation complexe, prenant en compte les entrées suivantes (on se reportera à son texte pour les valeurs numériques affectées à chaque entrée) :

A. Statut

1. Officialité
2. Usages « institutionnalisés »
3. Éducation
4. Moyens de communication de masse
5. Secteur secondaire et tertiaire privé

1. Robert Chaudenson, *La francophonie: représentations, réalités, perspectives,* coll. «Langues, économie et développement», Institut d'études créoles et francophones, Aix-en-Provence, 1991.

B. Corpus

a) appropriation linguistique
b) vernacularité/vernacularisation *vs* véhicularité/véhicularisation
c) les types de compétences
d) Production et exposition langagières

Voici le résultat de cette évaluation appliquée à trois pays, le Rwanda, Madagascar et l'île Maurice.

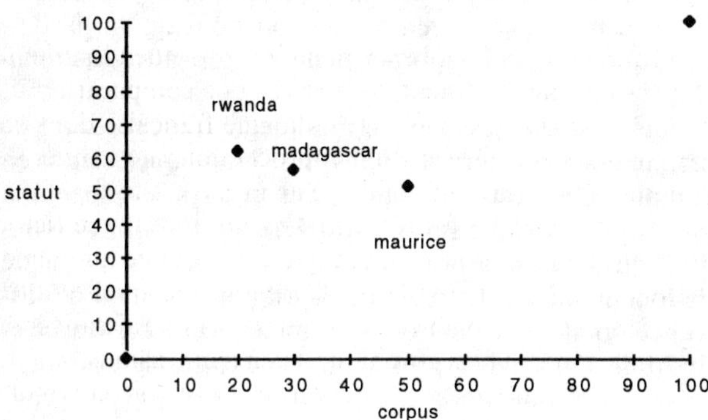

Situation vis-à-vis du français.

L'intérêt de cette approche consiste bien sûr dans le fait qu'elle permet de réfléchir sur la situation respective des différents pays de l'espace francophone, sur les regroupements dans le graphique que cette approche révélerait, etc. Mais la valeur d'un tel graphique est surtout pédagogique, en ce sens qu'il visualise les résultats d'une analyse, qu'il permet de présenter la connaissance et non pas de l'acquérir : le savoir que l'on possède en amont de la grille se retrouve en aval, manifesté de façon différente...

Il est une autre utilisation possible de cette grille, qui

consiste à prendre en compte *les langues par rapport à un pays* et non plus *les pays par rapport à une langue*, comme dans le travail de Chaudenson. Pour l'illustrer, je considérerai chaque langue de trois points de vue :

— Son *degré d'usage*, c'est-à-dire le pourcentage de locuteurs de cette langue dans le pays considéré (le corpus de Chaudenson)

— Son *degré de reconnaissance*, c'est-à-dire le degré d'officialité de la langue (le statut de Chaudenson)

— Son *degré de fonctionnalité*, c'est-à-dire les possibilités qu'a la langue de remplir les fonctions qu'on lui destine (que l'on peut rapprocher du rapport attributs/fonction de Fasold)

Seuls les deux premiers termes (degré d'usage, degré de reconnaissance) seront, dans les graphiques, pris en compte. Ce n'est qu'ensuite, lorsqu'on s'interrogera à partir du graphique sur des stratégies de planification linguistique, que sera pris en compte le problème du degré de fonctionnalité. Le plus simple est pour l'instant d'illustrer ce point de vue par deux exemples : ceux du Maroc et du Mali. J'ai suivi en gros le mode de calcul de Chaudenson pour ce qui concerne le « statut » (le degré de reconnaissance) mais j'ai simplifié la procédure pour ce qui concerne le « corpus » (le degré d'usage), prenant simplement en compte une évaluation (qui m'est propre, car nous ne disposons en la matière d'aucun chiffre officiel) du pourcentage de la population parlant les différentes langues en présence.

Considérons le graphique du Maroc. Trois langues y coexistent avec des statuts divers : l'arabe, le berbère et le français, et nous voyons qu'elles apparaissent en des endroits extrêmement contrastés du tableau. L'arabe a un statut et un corpus de valeur sensiblement égale (il est parlé par environ 90 % de la population et a le statut de langue officielle), le français un statut plus important que son corpus et le berbère connaît la situation inverse (parlé par environ 50 % de la population, il n'a aucun statut officiel).

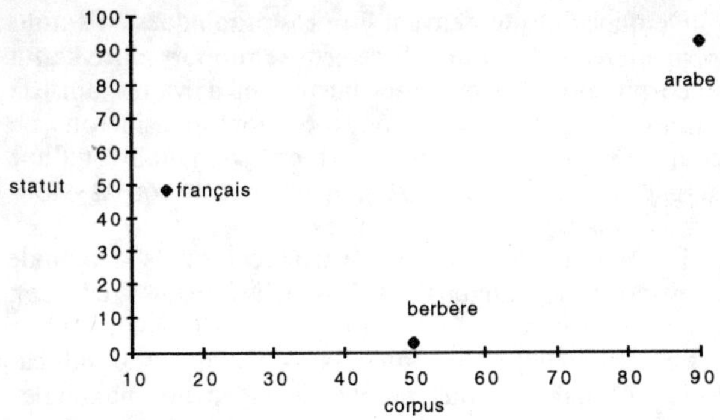

Les langues du Maroc.

Pour ce qui concerne le Mali, la situation est également contrastée, mais de façon différente : le songhaï, le peul et le tamasheq (je n'ai retenu ici que les quatre principales langues du pays, mais on pourrait bien sûr placer toutes les autres langues sur ce graphique) ont un statut et un corpus de valeur égale, mais faible, le bambara a un corpus beaucoup plus important que son statut et le français connaît la situation inverse :

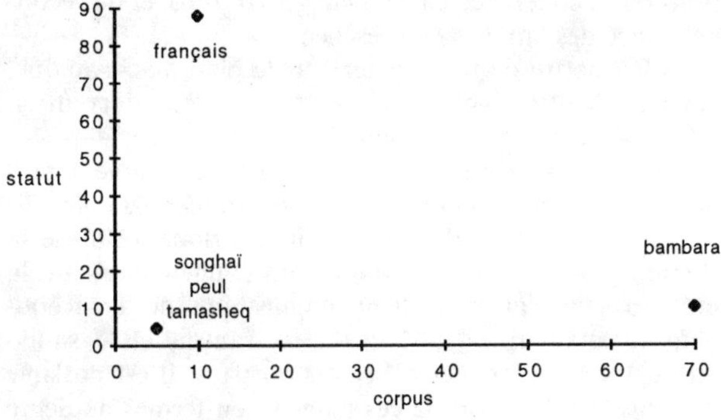

Les langues du Mali.

De quelle utilité peuvent être ces graphiques ? Ils nous permettent de lire immédiatement le rapport entre statut et corpus pour chacune des langues et d'évaluer ainsi la situation linguistique du pays. Si nous considérons en effet que de façon générale il est souhaitable qu'une langue ait un statut correspondant à son corpus, nous avons trois types de situations théoriques :

1 / Celle des langues qui se trouvent sur la diagonale (c'est-à-dire les langues pour lesquelles statut = corpus). Elles peuvent bien sûr se situer plus ou moins haut sur cette diagonale, selon qu'elles sont langue d'unification nationale (corpus proche de la valeur maximale : l'arabe au Maroc) ou régionale (le peul ou le songhaï au Mali).

2 / Celle des langues qui se trouvent au-dessus de la diagonale (comme le français au Mali et, de façon moins nette, au Maroc) et qui ont un statut surévalué.

3 / Celle des langues qui se trouvent en dessous de la diagonale (comme le berbère au Maroc) et qui ont donc un statut insuffisant.

Une telle visualisation de la situation linguistique d'un pays peut ainsi :

1 / Servir de base à la réflexion sur la planification linguistique : on perçoit d'un seul coup d'œil les contradictions ou la cohérence entre les degrés d'usage et de reconnaissance des langues en présence.

2 / Permettre de représenter, sur le plan diachronique, l'évolution attendue d'une situation après intervention planificatrice.

En d'autres termes nous avons là un instrument permettant de *porter un diagnostic* et de *formuler des objectifs.*

Prenons un exemple tout à fait théorique, celui de la République centrafricaine qui a adopté une « loi fixant la politique de l'aménagement linguistique de la République » aux termes de laquelle le français et le sango seront les deux langues officielles du pays. Il est possible d'évaluer la situation de ces langues, en termes de degré d'usage et de degré de reconnaissance, au moment de l'indépendance du pays et après intervention de cette nouvelle politique linguistique :

— Au moment de l'indépendance, le français (sur le graphique : français 1960) avait un degré de reconnaissance maximum, seule langue d'administration, de scolarisation, etc., et un degré d'usage que l'on peut estimer à environ 10 % de locuteurs, tandis que le sango (sango 1960) avait un degré de reconnaissance nul et un degré d'usage que l'on peut estimer à environ 80 % de locuteurs.

— En l'an 2000, si la politique envisagée est suivie d'effet, on peut penser que le français aura un degré d'usage en augmentation du fait des progrès de la scolarisation (je l'évalue arbitrairement à 20 %, pour les besoins de la démonstration), que le sango sera également en progrès (90 %) et que les deux langues se partageront le statut (50/50), ce qui nous donnerait le graphique suivant :

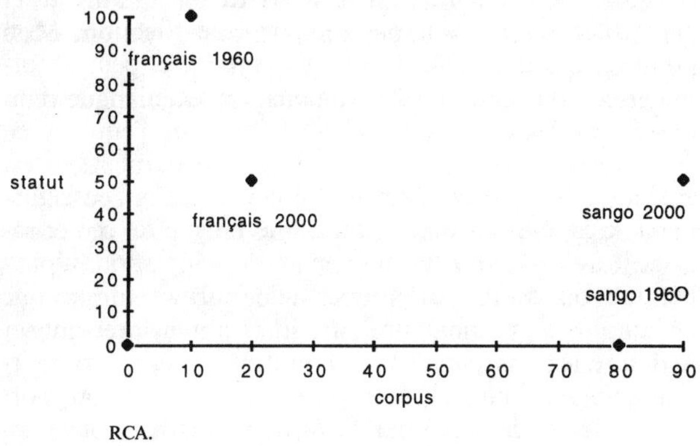

RCA.

On voit que dans cette hypothèse le français descendrait et le sango monterait vers la ligne diagonale, mais que la situation ne correspondrait pas pour autant à ce qui est souhaitable (corpus = statut). Si le corpus du français augmentait, la place de la langue se rapprocherait de la diagonale, mais pour que le sango fasse le même déplacement il conviendrait d'augmenter son statut (au détriment du français). Ici s'arrête bien sûr l'évaluation sociolinguistique et commence le domaine des choix de la République centrafricaine : donner par exemple au sango un statut correspondant à son corpus impliquerait que l'on enlève au français son statut de langue officielle, et cela pose d'autres types de problèmes qui ne sont pas du ressort du linguiste.

Mais, et ceci nous mène maintenant au *degré de fonctionnalité*, si face à un tel graphique un pays décide d'intervenir sur le degré de reconnaissance d'une langue, pour tenter de le rapprocher de son degré d'usage, se pose alors le problème de savoir si la langue est *équipée* pour remplir une telle fonction. Comment cerner cette notion de degré de fonctionnalité ? Il est utile ici de repartir de l'idée de Fasold selon laquelle certaines fonctions impliquent certains attributs. Mais Fasold posait le problème en termes statiques : telle langue a ou n'a pas tel ou tel attribut et peut donc ou ne peut pas remplir telle fonction. Mon point de vue est beaucoup plus dynamique et peut se formuler comme suit : si nous voulons que telle langue remplisse telle fonction, que faut-il faire pour l'équiper en conséquence ? Pour prendre un exemple simpliste, il est évident que, pour introduire une langue dans l'enseignement, c'est-à-dire pour en faire une langue de scolarisation, il faut d'abord lui donner une transcription, alphabétique ou autre, lui donner une norme, forger une terminologie grammaticale, etc. Et ceci peut nous mener à des réflexions éminemment pratiques, sur le rapport qualité/prix d'un tel équipement, ou sur le rapport coût/bénéfice. Si l'on a par exemple, au vu de ce que j'appellerai un *graphique d'évaluation de la situation linguistique*, plusieurs possibilités de politique linguistique (par exemple augmenter le degré de reconnaissance d'une, deux, plusieurs langues), on pourra faire entrer en ligne de compte comme un des éléments du choix le rapport entre le coût de l'opération et le bénéfice social que l'on en tirera.

Dans les exemples évoqués ci-dessus j'ai, pour illustrer l'utilisation de ce graphique dans le domaine de la politique linguistique, fait référence à une action sur le *degré de reconnaissance* des langues. Mais l'inverse est évidemment possible et l'on peut aussi décider d'intervenir sur le *degré d'usage* des langues. Les groupes minoritaires qui se battent pour la survie de leur langue en créant par exemple des écoles privées dans lesquelles on l'enseigne, en s'appliquant à la transmettre aux enfants, etc., ne font rien d'autres que de tenter d'agir sur le degré d'usage de la langue. C'est dire que nous avons deux stades successifs de réflexion : choix d'un type d'action (sur la reconnaissance ou sur l'usage) et détermination de l'équipement nécessaire de la langue dans le domaine de la fonctionnalité. Encore une fois cependant, ceci ne relève plus de l'analyse sociolinguistique mais des choix politiques.

On voit que ces propositions sont largement programmatiques et qu'il convient maintenant de poursuivre la réflexion et l'expérimentation sur deux points :

— Comment mesurer de façon univoque le *degré d'usage* et le *degré de reconnaissance* d'une langue ?

— Comment déterminer de façon précise ce qui constitue la *fonctionnalité* d'une langue ?

Conclusion

De façon plus générale, les modèles typologiques que nous avons présentés dans ce chapitre sont loin d'épuiser ce qu'il conviendrait de savoir sur une situation pour réfléchir à une éventuelle politique linguistique. En effet, pour élaborer un modèle capable de rendre compte de la complexité des situations, il conviendrait de considérer différents facteurs dont la liste suivante donne une idée :

1 / Des données quantitatives : combien de langues, combien de locuteurs pour chacune d'entre elles.

2 / Des données juridiques : statuts des langues en présence, reconnues ou pas par la Constitution, utilisées ou pas dans les médias, l'enseignement, etc.

3 / Des données fonctionnelles : langues véhiculaires (et leur taux de véhicularité), langues transnationales (parlées dans différents pays frontaliers), langues grégaires, langues à usage religieux, etc.

4 / Des données diachroniques : expansion des langues, taux de transmission d'une génération vers l'autre, etc.

5 / Des données symboliques : prestige des langues en présence, sentiments linguistiques, stratégies de communication, etc.

6 / Des données conflictuelles : types de rapports entre les langues, complémentarité fonctionnelle ou concurrence, etc.

On voit que s'il est facile de mesurer ou de cerner les quatre premiers types de facteurs, à condition bien sûr de mener les enquêtes nécessaires, les deux derniers sont plus complexes et, surtout, plus difficiles à introduire dans un modèle de type dichotomique. Mais à trop vouloir présenter des schémas bien construits on risque de sacrifier la précision à l'élégance. La grille de Chaudenson par exemple intègre aisément les facteurs quantitatifs et juridiques mais ne laisse aucune place aux facteurs symboliques ou conflictuels. Les propositions de Fasold intègrent les donnécs fonctionnelles et, dans une certaine mesure, symboliques, mais ne rendent pas compte du facteur diachronique. En fait, les propositions de Ferguson, Stewart et Fasold donnent toutes une vision statique des situations qui, pourtant, sont en perpétuelle évolution, tant sur le plan statistique (nombre de locuteurs, taux de transmission, etc.) que sur le plan symbolique. Or l'évaluation préalable à la détermination d'une politique linguistique doit nécessairement tenir compte des évolutions en cours. C'est pourquoi il est probable que de nouveaux modèles verront le jour, plus complets, plus efficaces, passant peut-être par une autre approche. On peut par exemple songer à un modèle informatisé qui, alimenté régulièrement de données nouvelles, fournirait « en direct » une évaluation dynamique des situations.

On voit que la réflexion sur les situations de plurilinguisme nous ramène à la langue de façon beaucoup plus riche. Il ne s'agit plus ici d'agir sur le *corpus* pour lutter contre des emprunts, par exemple, ou pour moderniser la langue, mais pour la rendre fonctionnelle afin qu'elle puisse jouer le rôle qu'on entend lui faire jouer du point de vue du *statut*. Et ce passage du point de vue du corpus à celui du statut, même si cette dichotomie est souvent difficile à maintenir (corpus et statut sont souvent étroitement imbriqués, le degré d'équipement d'une langue par exemple étant en rapport direct avec sa fonction sociale), témoigne de l'évolution parallèle de la science linguistique : la politique linguistique comme la planification sont tributaires de la théorie au sein de laquelle elles sont conçues.

Mais, quelque soit le modèle retenu, se pose encore le problème de savoir de quels moyens l'on dispose pour intervenir ainsi sur la langue et les langues. Ce sont ces moyens que nous allons présenter dans le chapitre suivant.

Chapitre III

LES INSTRUMENTS DE LA PLANIFICATION LINGUISTIQUE

L'action concertée sur la langue et sur les langues peut se ramener au schéma suivant. Soit S1 la situation sociolinguistique initiale, qu'après analyse l'on considère comme non satisfaisante. Soit S2 la situation à laquelle on voudrait aboutir. La définition des différences entre S1 et S2 constitue le champ d'intervention de la *politique linguistique*, et le problème de savoir comment passer de S1 à S2 est le domaine de la *planification linguistique*.

Présentées comme cela, les choses peuvent paraître simples. Nous avons cependant vu au chapitre précédent les problèmes que posaient, en amont des choix de politique linguistique, la description et la typologie des situations sociolinguistiques. Nous allons maintenant aborder les problèmes qui apparaissent en aval de ces choix. Dès lors qu'un État se préoccupe de gérer sa situation linguistique apparaît en effet le problème des moyens dont il dispose pour cela. Comment intervenir sur la forme des langues ? Comment modifier les rapports entre les langues ? Quels sont les processus qui permettent de passer d'une politique linguistique, stade des choix généraux, au stade de sa mise en œuvre, la planification linguistique ?

I. — L'équipement des langues

Le terme « équipement » appliqué aux langues peut paraître étrange, surtout lorsque l'on a pris ses distances, comme nous l'avons fait au chapitre I, avec une conception instrumentaliste de la langue. Pourtant il est tout à fait approprié, surtout si l'on se souvient du sens premier du verbe *équiper* : « pourvoir un navire de ce qui est nécessaire à la navigation ». En effet, si toutes les langues sont, aux yeux du linguistes, égales, cette égalité se situe au niveau des principes, c'est-à-dire à un niveau extrêmement abstrait. Mais, concrètement, toutes les langues ne peuvent pas remplir les mêmes fonctions. Il est par exemple évident qu'une langue non écrite ne peut être le véhicule d'une campagne d'alphabétisation, que l'on aura du mal à enseigner l'informatique dans une langue qui n'a pas de vocabulaire informatique, à enseigner la grammaire dans une langue qui ne dispose pas d'une taxinomie grammaticale, qu'une langue parlée par une infime minorité de la population d'un pays pourra difficilement être choisie comme langue d'unification de ce pays, etc. Si cependant on désire pour des raisons politiques utiliser de telles langues dans de telles fonctions, il faudra bien réduire leurs déficits, les *équiper* pour qu'elles puissent jouer ce rôle.

L'écriture. — Le premier stade de cet équipement est de donner un système d'écriture aux langues non écrites, ce qui implique d'abord que l'on établisse une description phonologique de la langue, que l'on sache quel est le système de sons à transcrire. Il faudra ensuite choisir un type d'écriture : alphabétique ou non alphabétique, et dans le premier cas quel type d'alphabet ? Ce choix n'est pas évident. Près d'un quart de l'humanité utilise par exemple un système non alphabétique, celui des caractères chinois. Et lorsqu'il a fallu transcrire les langues africaines, de longues discussions ont opposé les tenants de l'alphabet latin à ceux de l'alphabet arabe ou d'une graphie indigène. Ces discussions avaient bien sûr un arrière-plan idéologique : il y a d'une part un lien étroit entre l'expansion des systèmes d'écriture et celle des religions (l'alphabet arabe est lié à l'Islam, l'alphabet latin est perçu comme étant lié à la chrétienté), et d'autre part l'alphabet latin était perçu par certains comme une trace symbolique de l'époque coloniale. Mais face à ces deux systèmes tous deux étrangers à l'Afrique noire il existait aussi des systèmes graphiques indigènes, des syllabaires en général récents qui, aux yeux de leurs partisans, avaient l'avantage de constituer des écritures autonomes et d'assurer l'identité africaine[1]. Mais elles avaient aussi un contenu scientifique : l'alphabet arabe par exemple ne permet pas de noter les voyelles des langues africaines, l'alphabet latin est sur ce plan plus précis, plus efficace, etc. Ces débats seront tranchés au profit de l'alphabet latin, au moins de façon temporaire, en 1966, lorsque l'Unesco réunit à Bamako une réunion d'experts dont nous parlerons dans le prochain chapitre.

Sur tous ces points, on voit que la planification linguistique passe d'abord par une description précise de la langue, puis par une réflexion sur ce qu'on attend d'un système d'écriture. Faut-il par exemple choisir une orthographe de type phonologique, dans laquelle à chaque phonème correspond un graphème, ou si l'on préfère à chaque son une lettre ? Faut-il au contraire choisir une orthographe de type étymologique, dans laquelle la forme générale d'un mot nous apportera de l'information sur son histoire et sur la famille dans laquelle il s'insère. Dans le premier cas on écrira en français **tã** pour *temps*, *taon* ou *tant*, dans le second cas on fera remarquer que la graphie **temps**, même si elle utilise des lettres apparemment inutiles, présente l'avantage de renvoyer à la fois au latin *tempus* et aux mots *temporaire* ou *temporiser*...

Ce n'est qu'après ce stade scientifique et technique, la langue étant donc équipée sur le plan graphique, que vient le stade pratique : diffuser le système d'écriture retenu, c'est-à-dire réaliser des abécédaires, des manuels, organiser des campagnes d'alphabétisation, introduire la langue nouvellement transcrite dans le système scolaire, dans l'environnement graphique, etc.

1. Voir Pathé Diagne, « Transcription et harmonisation des langues africaines au Sénégal », communication à la réunion « La transcription et l'harmonisation des langues africaines », Niamey (Niger), 17-21 juillet 1979.

Le lexique. — Un autre problème est celui du lexique. Le développement des sciences et des techniques, la multiplication des communications spécialisées ont fait qu'un petit nombre de langues véhiculent aujourd'hui la modernité à l'aide d'un vocabulaire propre, les autres se contentant d'emprunter ce vocabulaire. La tendance est ainsi aujourd'hui à parler d'informatique par exemple en utilisant un vocabulaire anglais. De façon plus large, il est des milliers de langues qui permettent quotidiennement à des millions de locuteurs de communiquer à la satisfaction générale dans le cadre de leur vie sociale traditionnelle mais sont incapables d'assurer une communication scientifique. Il serait par exemple délicat de présenter la théorie de la relativité dans une langue indienne d'Amazonie. Bien sûr, on peut considérer que cela n'a aucune importance, puisque si un Indien wayana de Guyane par exemple veut se spécialiser dans les études nucléaires il le fera en français ou en anglais. Mais une politique linguistique peut aussi décider d'équiper telle ou telle langue afin d'enseigner par son intermédiaire les mathématiques ou la médecine.

Et ceci nous mène à un autre domaine de la planification linguistique, celui de la terminologie. La création de mots, la néologie, en est l'activité principale. Il s'agit ici de déterminer des besoins, de répertorier le vocabulaire existant (emprunts, néologie spontanée), de l'évaluer, de l'améliorer éventuellement, de l'harmoniser, puis de le diffuser sous la forme de dictionnaires terminologiques, de banques de données, etc. Cette démarche peut donc répondre à deux objectifs très différents :

— Il peut s'agir d'équiper une langue pour qu'elle puisse remplir une fonction qu'elle ne remplissait pas jusque-là. C'est le problème auquel ont été confrontés les pays du Maghreb lorsqu'ils ont décidé d'une politique d'arabisation, ou l'Indonésie lorsqu'elle a décidé de remplacer en fonction officielle le néerlandais par le malais.

— Il peut aussi s'agir de lutter, dans le cadre d'une langue déjà équipée, contre les emprunts, de remplacer un vocabulaire venu d'ailleurs par un vocabulaire endogène.

est le problème auquel se sont par exemple attaqué le Québec ou encore les commissions de terminologie créées dans les différents ministères français.

Dans les deux cas cependant nous retrouvons l'importance (évoquée à propos de l'écriture) de la description des langues, de l'analyse de leurs processus de création lexicale : on ne forge pas un mot n'importe comment, il faut pour cela respecter à la fois le « génie » de la langue et les sentiments de ses locuteurs. La terminologie implique donc d'une part une connaissance précise des systèmes de dérivation, de composition de la langue, un inventaire des racines, etc., mais implique aussi d'autre part que les mots créés, les néologismes, soient acceptés par les utilisateurs, c'est-à-dire qu'ils soient d'abord acceptables. Car un néologisme peut être refusé (c'est d'ailleurs un cas très fréquent : les terminologues produisent sans doute beaucoup plus de termes que personne n'utilisera jamais que de termes qui « marchent ») soit parce qu'il ne correspond pas aux goûts linguistiques des locuteurs, qu'il ne « plait » pas, soit parce qu'il entre en concurrence avec des mots déjà en usage, produits de la néologie spontanée ou de l'emprunt à une autre langue.

En français par exemple, si un mot comme *logiciel* a pu s'imposer aisément à la place du terme anglais *software*, si un mot comme *remue-méninges* entre poétiquement en concurrence avec *brainstorming*, il n'est pas sûr que *baladeur*, *tir d'angle*, *tir passant*, *restovite* ou *prêt-à-monter* remplaceront respectivement *walkman*, *corner*, *passing shot*, *fast-food (restaurant)* ou *kit*[1]. Ces néologismes semblent en effet aller contre un usage déjà établi.

Nous verrons dans les chapitres suivants différents exemples de ce type d'actions.

La standardisation. — Lorsqu'un pays décide de promouvoir une langue à une certaine fonction, il peut être confronté à une situation de dialectalisation. C'est-à-dire

1. Ces exemples sont tirés du *Dictionnaire des termes officiels de la langue française*, Direction des journaux officiels, Paris, 1994.

que cette langue peut être parlée de différente façon sur l'ensemble du territoire, avec une phonologie différente, un vocabulaire et une syntaxe partiellement différents. Se pose alors le problème de savoir qu'elle sera la forme qui remplira la fonction choisie par les décideurs. Ici encore, il y a différentes solutions. On peut sélectionner l'une des formes en présence ou l'on peut forger, à partir de ces dernières, une forme nouvelle. Le premier cas relève du coup de force, ou du centralisme jacobin lorsque c'est par exemple le dialecte de la capitale qui est adopté. Dans le second cas, une description précise des variations dialectales est nécessaire pour tenter de forger une forme moyenne, une sorte de lieu commun des différents parlers, qu'il faudra ensuite diffuser par différents moyens (médias, école, etc.). Ce problème se pose tout d'abord au niveau de la graphie : comment transcrire un mot prononcé de différentes manières sur le territoire, de façon à ce que tout le monde le reconnaisse ? Il se pose ensuite au niveau du lexique : quelle variante conserver lorsque le même objet ou la même notion ne sont pas nommées de la même façon dans les différentes formes dialectales ? Il se pose enfin au niveau de la syntaxe, lorsqu'il faut choisir la norme que l'on enseignera par exemple.

Nous présenterons un cas concret de standardisation dans le chapitre IV, à propos de l'élaboration de la langue officielle de la Chine populaire.

De l' « in vivo » à l'« in vitro ». — Les interventions que nous venons d'évoquer sur la transcription des langues, leur lexique ou leur standardisation impliquent que l'on puisse changer la langue. Or, de tout temps, les langues ont changé, mais elles ont changé d'une tout autre façon, sans intervention du pouvoir, sans planification.

Lorsque l'on étudie par exemple l'histoire de l'écriture, on se rend compte que dans la lente évolution qui va des premiers cunéiformes mésopotamiens aux syllabaires puis aux alphabets, c'est la pratique sociale, en réponse à des besoins sociaux, qui a joué le rôle moteur. De la même façon, le lexique des langues a toujours changé, sur le mode de la néologie spontanée ou de l'emprunt. Chaque fois que de nouvelles réalités devaient être nommées, elles l'ont été sans difficultés : ainsi l'invention de l'électricité s'est accompagnée de la création du mot *électricité*, construit sur une racine latine, et l'apparition d'un nouveau jeu, le football, s'est accompagné de l'emprunt à l'anglais du mot *football*. Enfin, lorsque l'on considère le nombre de langues qui existent à la surface du globe (entre 4 et 5 000, soit une moyenne de 30 par pays), on peut avoir l'impression que toutes les conditions sont réunies pour que les hommes ne se comprennent pas. Pourtant, malgré ce que certains considèrent comme la malédiction de Babel, la multiplication des langues, la communication fonctionne partout.

C'est qu'il y a deux types de gestion des situations linguistiques : l'une qui procède des pratiques sociales et l'autre de l'intervention sur ces pratiques. Le premier, que nous appellerons gestion *in vivo*, concerne donc la façon dont les gens, confrontés quotidiennement à des problèmes de communication, les résolvent. Le résultat de cette gestion peut être des « langues approximatives » (les pidgins), ou encore des langues véhiculaires, qui sont soit « créées » (comme le munukutuba au Congo) soit promues, une langue déjà existante voyant ses fonctions s'élargir (comme le bambara au Mali, le wolof au Sénégal ou l'anglais dans le monde). Dans les deux cas, que la communication soit assurée grâce à la « création » ou la « refonctionnalisation » d'une langue, ceci ne doit rien à une décision officielle, à un décret ou à une loi : nous avons simplement ici le produit d'une pratique. Cette pratique ne résout d'ailleurs pas seulement les problèmes du plurilinguisme. Ainsi, chaque jour, dans toutes les langues du monde, des mots nouveaux apparaissent, pour désigner des choses (objets ou concepts) que la langue ne désignait pas encore. Cette néologie spontanée a été particulièrement active à l'époque coloniale dans les langues africaines. En effet, les sociétés colonisées étaient confrontées à des technologies (la voiture, le train, l'avion..), à des structures (l'administration, l'hôpital...) ou à des fonctions (officier, médecin, gouverneur...) importées d'Occident et qu'il fallait nommer. On peut ainsi étudier la façon dont une population met à profit sa compétence linguistique pour forger des mots nouveaux désignant des notions nouvelles. Par exemple en bambara, au Mali, on a spontanément créé pour désigner la bicyclette le néologisme *nègèso* (« cheval de fer »), on utilise pour désigner le train la forme *négésira* (« chemin de fer »), que l'on peut analyser comme un néologisme ou comme un calque sur le modèle du français, et l'on dispose pour désigner le glaçon d'un emprunt au français, *glasi* et d'un néologisme, *jikuru* (mot à mot « pierre d'eau »).

Mais nous traitons dans ce livre d'une autre approche des problèmes du plurilinguisme ou de la néologie, celle du pouvoir, la gestion *in vitro*. Dans leurs laboratoires des linguistes analysent les situations et les langues, les décrivent, font des hypothèses sur l'avenir des situations, des propositions pour régler les problèmes, puis les politiques étudient ces hypothèses et ces propositions, font des choix, les appliquent. Ces deux approches sont donc extrêmement différentes et leurs rapports peuvent parfois être conflictuels, si les choix *in vitro* prennent le contre-pied de la gestion *in vivo* ou des sentiments linguistiques des locuteurs. Il sera par exemple difficile d'imposer à un peuple une langue nationale dont il ne veut pas, ou dont il pense qu'elle n'est pas une langue mais un dialecte. Il serait également peu cohérent de chercher à imposer pour cette fonction une langue minoritaire s'il existe déjà une langue véhiculaire largement utilisée. Ou encore il est parfois difficile d'imposer à une partie de la population une langue majoritaire dont elle ne veut pas (c'est par exemple le cas du wolof en Casamance, au Sénégal, langue véhiculaire dominante, certes, mais en même temps rejetée par une partie de la population).

Les instruments de la planification linguistique apparaissent donc comme la tentative d'adaptation et d'utilisation *in vitro* de phénomènes qui se sont toujours manifestés *in vivo*. Et la politique linguistique est alors confrontée tout à la fois aux problèmes de la cohérence entre les objectifs que se donne le pouvoir et les solutions intuitives que le peuple a souvent mises en place, et au problème d'un certain contrôle démocratique, afin de ne pas laisser les « décideurs » faire n'importe quoi.

II.— L'environnement linguistique

Lorsque l'on se promène dans les rues d'une ville, que l'on arrive dans un aéroport, que l'on allume un poste de télévision dans une chambre d'hôtel, on reçoit immédiatement un certain nombre d'informations sur la situation linguistique à travers les langues utilisées dans l'affichage, la publicité, les émissions de télévision, les chansons, etc. Mais en même temps, lorsque l'on étudie de près une situation sociolinguistique, que l'on connaît bien les langues et les variantes linguistiques en présence, on se rend compte que beaucoup d'entre elles n'apparaissent pas dans ces médias.

C'est cette présence ou cette absence des langues, sous leur forme orale ou écrite, dans la vie quotidienne que nous appelons *environnement linguistique*. On peut par exemple élaborer une géographie de New York à partir des langues que l'on lit sur les enseignes des boutiques (anglais, chinois, italien, arabe, etc.), et suivre aussi des changements en cours à travers les variations dans cet environnement. Ainsi, au fur et à mesure que l'on se rapprochait de la date de rétrocession par la Grande-Bretagne de Hong Kong à la Chine (1997) on a pu noter une progression de la présence du chinois et une régression de celle de l'anglais dans l'environnement linguistique de Hong Kong au cours des années 90.

La situation de New York, de Hong Kong ou de toute autre capitale, riche d'informations, relève de l'*in vivo*, mais la planification linguistique peut aussi intervenir, *in vitro* donc, sur elle. Il ne sert à rien en effet de donner à une langue un alphabet si celui-ci n'apparaît pas dans la vie quotidienne des locuteurs de cette langue. Aussi les plaques indiquant les noms de rues, les panneaux routiers, les plaques minéralogiques des voitures, les affiches publicitaires, les émissions de radio ou de télévision, sont-ils des lieux privilégiés d'intervention pour la promotion des langues. Un voyageur qui débarquerait par exemple dans les années 90 dans l'aéroport de Bilbao ou de Barcelone après vingt ans d'absence serait frappé par la présence de la langue basque dans le premier cas, catalane dans le second, présence qui relève évidemment d'une intervention planificatrice sur l'environnement linguistique, d'une conquête ou d'une reconquête de cet environnement par des langues qui en étaient exclues. De la même façon, entre 1970 et 1980, les rues d'Alger ont connu, du point de vue de l'environnement graphique, un changement total, l'arabe remplaçant le français dans toutes les fonctions évoquées plus haut. Et ce *marquage du territoire*, qu'il soit le produit de pratiques spontanées ou de pratiques planifiées, nous fournit un instrument de lecture sémiologique de la société : parmi les langues en présence il en est qui s'affichent, d'autres que l'on ne perçoit que difficilement, et ceci n'est pas sans lien avec leur poids sociolinguistique et avec leur avenir.

C'est pourquoi la planification linguistique va agir sur l'environnement, pour jouer par ce biais sur le poids des langues, sur leur présence symbolique. Ici encore l'action *in vitro* utilise les moyens de l'action *in vivo*, s'en inspire, même si elle s'en différencie légèrement. Entre la pratique spontanée d'un boucher maghrébin qui affiche à Paris sa raison sociale en arabe par exemple et l'intervention des pouvoirs publics qui exigent que cette raison sociale soit aussi indiquée en français, qu'elle soit traduite donc, il y a à la fois la même volonté de manifester une identité à travers la langue (ici la langue écrite) et deux approches différentes de cette quête identitaire, l'une passant par des comportements spontanés et l'autre par l'intervention de la loi.

Mais la fonction de ce marquage du territoire est la même dans les deux cas. Une inscription en arabe, en chinois ou en hébreu dans les rues de New York ou de Paris constitue un message à deux niveaux. Au niveau de la dénotation tout d'abord, le message limite considérablement ses récepteurs potentiels (seuls ceux qui savent lire ces langues peuvent décoder le message). Mais en même temps, au niveau de la connotation, l'inscription constitue un autre type de message : sans savoir lire l'arabe ou le chinois on peut cependant reconnaître ces systèmes graphiques dont la présence joue alors un rôle symbolique, un rôle de témoignage. Ainsi l'inscription qui indique en chinois au-dessus de la porte d'un restaurant « restaurant cantonnais » dit deux choses. Elle dit d'une part à ceux qui savent lire le chinois « ceci est un restaurant cantonais », elle dit d'autre part à ceux qui ne lisent pas le chinois « ceci est du chinois ». Et si plusieurs boutiques les unes à côté des autres affichent leur raison sociale en chinois, la coexistence de ces inscriptions dira « ceci est une rue chinoise », ou « ceci est un quartier chinois ». Ce double niveau de lecture nous montre l'importance de l'environnement graphique. Lorsque l'État décide d'intervenir dans ce domaine, la langue que l'on affiche peut dans un premier temps ne pas être lue par la majorité des gens (cela dépend bien sûr du degré d'alphabétisation de la population) mais elle est cependant percue comme ce qu'elle est, une langue écrite, et sa présence symbolise donc un choix politique. Nous verrons au chapitre V un exemple de ce type d'intervention avec le cas de l'arabisation dans les pays du Maghreb.

III. — Les lois linguistiques

Lorsqu'une décision est prise, qu'une option est choisie, il faut bien sûr la faire rentrer dans les faits. Au contraire de la gestion *in vivo*, dans laquelle le changement se diffuse dans la pratique des locuteurs par une forme de consensus qui reste à étudier avec précision, la gestion *in vitro* doit pour sa part s'imposer aux locuteurs et, pour cela, l'État dispose essentiellement de la loi.

La loi est, pour le dictionnaire, une « règle impérative imposée à l'homme de l'extérieur ». Ce qui signifie que les lois ne concernent pas les objets, les biens, mais l'usage que les hommes font de ces objets, de ces biens. Pour prendre un exemple simpliste, une loi ne peut pas interdire aux bâtiments de brûler, ou aux billets de banque de disparaître, mais elle peut interdire à l'homme de mettre le feu aux bâtiments ou de voler de l'argent. En outre, le droit ne peut intervenir que sur ce qui est juridiquement définissable. De ce point de vue, il est permis de s'interroger sur le sens de la notion de loi linguistique ou de droit linguistique. La langue peut-elle être objet de loi[1] ? Ce qui est sûr, c'est que les États interviennent fréquemment dans le domaine linguistique, comme pour répondre à cette question de façon pratique, en évitant le débat théorique, mais ils interviennent en fait sur les comportements linguistiques, sur l'usage des langues. Car les politiques linguistiques sont le plus souvent contraignantes et ont, pour cette raison, besoin de la loi pour s'imposer : *il n'existe pas de planification linguistique sans un volet juridique*.

Il faut distinguer ici entre plusieurs conceptions des lois linguistiques. Il y a en effet :

— Les lois qui portent sur la forme de la langue, fixant par exemple la graphie, ou intervenant sur le vocabulaire, par le biais de listes de mots.

— Les lois qui portent sur l'usage que les hommes font des langues, indiquant quelle langue il faut parler dans telle ou telle situation, dans tel ou tel moment de la vie publique, fixant par exemple la langue nationale d'un pays ou les langues de travail d'une organisation.

— Les lois qui portent sur la défense des langues, qu'il s'agisse de vouloir leur assurer une promotion plus grande, par exemple internationale, ou de les protéger comme on protège un bien écologique.

Il est bien entendu possible de rentrer plus avant dans le détail des législations linguistiques, de tenter d'en dresser une typologie. Joseph Turi[2] par exemple a proposé une classification relativement complexe qui distingue d'abord entre les *législations linguistiques structurelles*, qui interviennent sur le statut des langues, et les *législations*

1. Voir sur ce point Remi Rouquette, Le droit et la qualité de la langue, *La qualité de la langue ? Le cas du français,* Jean-Michel Eloy éd., Paris, Champion, 1995.

2. Joseph Turi, Le pourquoi et le comment du droit linguistique, *Langage et société,* n° 47, Ottawa, 1994.

linguistiques fonctionnelles, qui portent sur l'utilisation des langues. Parmi ces dernières, il distingue ensuite entre les *législations linguistiques officielles* qui interviennent sur l'usage officiel des langues, les *législations linguistiques institutionnelles* qui touchent à l'usage non officiel des langues, les *législation linguistiques standardisantes* ou *non standardisantes*, les *législations linguistiques majoritaires* qui protègent les langues d'une majorité et les *législations linguistiques minoritaires* qui protègent les langues de minorités, etc. Tout ceci, comme on voit, est extrêmement compliqué, mais la loi étant un des principaux instruments de la planification linguistique, il est important de mettre un peu d'ordre dans ce foisonnement.

Nous distinguerons d'abord entre les lois linguistiques selon leur champ d'application géographique. Il y a ainsi des législations internationales, qui fixent les langues de travail des organisations internationales (ONU, Unesco, Cour internationale de justice, etc.) ou qui protègent les minorités linguistiques (comme la *déclaration sur les droits des personnes appartenant à des minorités nationales ou ethniques, religieuses et linguistiques* adoptée par les Nations Unies en 1992), des législations nationales, qui s'appliquent dans la limite des frontières d'un État, et des législations régionales (en Catalogne, en Galice, au Pays basque par exemple). Et il est d'ores et déjà imaginable qu'apparaissent des contradictions ou des oppositions entre ces trois niveaux.

Dans un second temps, il faut distinguer selon le niveau d'intervention juridique. Dans certains cas, la situation linguistique est définie par la Constitution elle-même. C'est par exemple le cas de l'Espagne qui, dans l'article 3 de sa Constitution de 1978, distingue entre la langue officielle de l'État, le castillan, et les langues officielles des communautés autonomes (le basque, la catalan, le galicien). Dans d'autres cas, la situation linguistique est définie par une loi (nationale ou régionale), dans d'autres cas enfin elle l'est par des recommandations, des résolutions, dont la force de loi est moindre. Car le niveau d'intervention juridique conditionne son efficacité. Si une loi linguistique nationale peut être, selon les cas et selon les choix, incitative ou impérative, une résolution prise par une organisation internationale n'a guère de chance d'être appliquée en dehors des cas où il s'agit d'une législation interne, visant par exemple à fixer les langues de travail de cette organisation. Lorsqu'on connaît l'impuissance d'organisme comme l'ONU ou la Communauté européenne face à des problèmes autrement plus importants, on ne peut considérer leurs interventions dans le domaine de la protection des minorités linguistiques que comme de douces plaisanteries.

Tout ceci peut être résumé de la façon suivante :

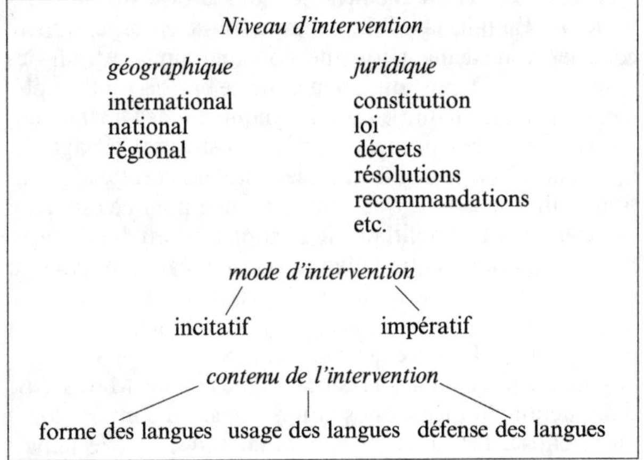

Mais ce cadre général n'épuise pas les problèmes de l'intervention juridique sur la langue et sur les langues ainsi que les retombées de cette intervention.

Nommer la langue. — Dieu selon la Bible a créé le monde et en a nommé les constituants. Mais, depuis lors, les hommes n'ont pas cessé de *renommer* le monde : les noms de peuples, les noms de lieux, n'ont cessé de varier, au gré des invasions ou des alternances de pouvoir. Il y a ainsi une constante valse toponymique et ethnonymique, qui parfois témoigne d'une approximation phonétique (lorsqu'en Afrique par exemple la langue bãmana devient bambara en français, ou que le pulaar devient peul), parfois d'une volonté de péjoration (lorsque les Indiens *Shuars* sont appelés par les Espagnols *jibaros*, c'est-à-dire « paysans », « campagnards ») et parfois d'une volonté identitaire (lorsque le Congo belge devient Zaïre par exemple). Rainer Enrique Hamel voit dans ces pratiques « l'expression de politiques linguistiques qui ont existé depuis que les êtres humains se sont organisés en société et ont étendu leurs relations de contact, d'échange et de domination vers d'autres sociétés culturellement et linguistiquement différentes »[1]. En fait, la politique linguistique en cette matière commence réellement lorsque l'on renomme, et l'un des effets des lois linguistiques se manifeste parfois tout simplement dans le nom que le texte juridique donne aux langues. Nous venons de voir que, selon la Constitution espagnole, la langue officielle de l'État est le castillan, et cette appellation pour une langue que tout le monde nomme espagnol est déjà un fait de politique linguistique. En effet, en suggérant des rapports entre la langue et une région du pays, la Castille, elle souligne qu'il n'y a pas correspondance terme à terme entre le pays, l'Espagne, et la langue, le castillan (ex-espagnol). En devenant officiellement « castillan », l'espagnol n'a pas changé, il reste la même langue. Mais si *castillan* dénote la même chose qu'*espagnol*, il connote toute autre chose. De la même façon, en Indonésie, le malais devenu langue nationale a été rebaptisé *bahasa indonesia*, « langue indonésienne », avec le même type de variation dans les connotations. Et l'on peut prévoir que de nombreuses langues que l'on appelle aujourd'hui de façon générique des *créoles* seront dans les années à venir rebaptisées *haïtien*, *réunionnais*, *guinéen*, *martiniquais*, *cap-verdien* ou *mauricien*, cette nomination ayant chaque fois pour fonc-

1. Rainer Enrique Hamel, Politicas y planificacion del languaje : una introduccion, *Iztapalapa*, n° 29, Mexico, 1993.

tion de revaloriser symboliquement ces formes linguistiques et d'insister sur leur dimension identitaire.

Nommer les fonctions. — Un autre effet de ces lois est dans la nomination des fonctions des langues. Langue nationale, langue officielle, langue régionale, langue « propre », on trouve dans les textes légaux de nombreux qualificatifs qui se réfèrent aux fonctions de la langue ou des langues et qui n'ont pas toujours le même sens. Si, pour un Français, les adjectifs « nationale » et « officielle » appliqués à la langue peuvent paraître synonymes, ils ont en Afrique francophone des sens très différents : la langue « officielle » est la langue de l'État, le plus souvent le français (co-officielle avec l'anglais au Cameroun, avec le sango en Centrafrique), tandis que les langues « nationales » sont certaines langues africaines ou toutes les langues africaines du pays. Ainsi, au Sénégal, à côté du français langue « officielle », la loi distingue six langues « nationales » (le wolof, le sérère, le diola, la mandingue, la peul et le soninké) parmi la vingtaine de langues parlées dans le pays. Au Cameroun en revanche, à côté des deux langues « officielles », toutes les langues africaines parlées sur le territoire du pays, plus de deux cents, sont considérées comme langues nationales. Et ces deux exemples nous montrent que la nomination des fonctions des langues par la loi a des retombées évidentes sur les possibilités de politique linguistique. On peut en effet imaginer une politique linguistique portant, comme au Sénégal, sur six langues nationales, mais il est difficile de concevoir une politique portant sur deux cents langues. Il serait en particulier impossible d'introduire toutes ces langues à l'école... Mais cette distinction entre langues officielles et nationales n'est pas la seule pratiquée en Afrique. L'article 7 de la Constitution mauritanienne stipule par exemple que :

— l'arabe est la langue officielle du pays ;
— le hassaniya, le pulaar, le sarakholé et le wolof en sont les langues nationales ;
— le français et l'anglais en sont les langues d'ouvertures.

Enfin, dans certains cas, la loi ne choisit pas entre ces diverses possibilités. Ainsi, la Constitution française précise depuis 1992 que « le français est la langue de la République », sans préciser si elle est langue officielle ou nationale.

Principe de territorialité ou de personnalité ? — Tout le monde sait aujourd'hui qu'il n'y a pas nécessairement coïncidence entre une langue et des frontières étatiques. On sait d'une part qu'il y a des langues dont le territoire est plus petit que celui de l'État (le breton en France, le galicien en Espagne), d'autre part qu'il y a des langues dont le territoire est à cheval sur les frontières interétatiques (le basque ou le catalan entre la France et l'Espagne) et qu'enfin il y a des langues qui sont dominantes dans plusieurs États. Il existe ainsi des empires linguistiques (francophone, anglophone, hispanophone, arabophone...). Mais il demeure, nous l'avons dit, que la politique linguistique a le plus souvent une dimension nationale, qu'elle intervient sur un *territoire* délimité par des *frontières*. Or il existe d'autres cas de figure : les diasporas, les groupes de migrants par exemple, qui ne se définissent pas par le territoire qu'ils occupent mais plutôt par leur dispersion. C'est ce qui a amené à distinguer dans les politiques linguistiques entre le principe de *territorialité* et le principe de *personnalité*. Dans le premier cas, c'est le territoire qui détermine le choix de la langue ou le droit à la langue : on apprend le catalan à l'école en Catalogne, le néerlandais dans la partie flamande de la Belgique, etc. C'est ce principe qui était à la base de la réforme de l'enseignement entrepris en Guinée à l'époque de Sékou Touré et abandonnée ensuite[1]. Dans le second cas, la personne appartenant à un groupe linguistique reconnu a le droit de parler sa langue en n'importe quel point du territoire : par exemple français ou néerlandais à Bruxelles, anglais ou français au Canada, etc. Ou encore, un étranger

1. Voir Louis-Jean Calvet, *La guerre des langues et les politiques linguistiques*, Paris, Payot, 1987, p. 176-180.

vivant en France a le droit à un interprète devant le tribunal. Le choix entre les deux principes a des retombées sur l'avenir des langues, mais aussi sur la gestion du pays. Le principe de territorialité appliqué en Suisse par exemple garantit mieux l'avenir du romanche que le principe de territorialité ne garantit celui du gallois au pays de Galles.

Mais ces situations (Belgique, Suisse, pays de Galles) sont relativement simples si nous les comparons à celles de pays extrêmement plurilingues, comme le Sénégal par exemple. On y parle plus de vingt langues, dont six sont considérées comme « nationales » (wolof, sérère, mandingue, peul, diola, soninké) auxquelles il faut ajouter la langue « officielle », le français. Si l'on décidait demain de promouvoir les langues nationales à des fonctions nouvelles, par exemple la fonction d'enseignement, il faudrait choisir entre deux grands types de solutions :

1 / On pourrait décider que le wolof, le peul, le diola, etc., seront enseignés dans les zones du pays où elles sont dominantes comme langues maternelles, c'est-à-dire découper le territoire en six zones d'enseignement. C'est, nous l'avons dit, la solution qu'avait choisie la Guinée de Sékou Touré. La difficulté est alors qu'un Wolof vivant dans la région du fleuve sera scolarisé en peul, qu'un Diola vivant à Dakar sera scolarisé en wolof, qu'à l'inverse un Wolof vivant en Casamance serait scolarisé en diola, etc.

2 / On pourrait aussi décider que les locuteurs des six langues officielles auront le droit à un enseignement dans leur langue où qu'ils se trouvent. Mais la difficulté est alors qu'il faudra soit ouvrir des écoles pour Peuls, pour Wolofs, pour Mandingues, etc., soit assurer dans toutes les écoles un enseignement dans les six langues. On imagine le coût de l'opération, même si l'on peut parfois combiner principe de territorialité et principe de personnalité. Ainsi le principe de personnalité est-il appliqué dans l'ensemble du Canada alors que c'est le principe de territorialité qui est appliqué au Québec. Mais il n'y a là que deux langues en jeu, et les choses seraient beaucoup plus complexes avec six, dix ou vingt langues.

Le droit à la langue. — Nous avons jusqu'ici traité du droit linguistique, c'est-à-dire de l'intervention de la loi dans le domaine de la forme, de l'usage ou de la défense des langues. Pour ce qui concerne la forme et l'usage la loi, si elle est appliquée, contraint le citoyen : elle le contraint par exemple à parler telle langue dans telle situation et de telle façon. Par contre lorsqu'il s'agit de la défense des langues la loi peut parfois contraindre les institutions : nous sommes alors dans le domaine du droit que les individus ont à la langue. Dans un premier temps, l'expression « droit à la langue » renvoie à la protection des minorités linguistiques, et le fait même que l'on parle de protection montre à quel point elles sont menacées. Mais il y a aussi, à travers le monde, un grand nombre de pays dans lesquels les citoyens ne parlent pas la langue de l'État. C'est en particulier le cas des pays africains dans lesquels la langue officielle, anglais, français ou portugais, n'est que très peu parlée, ou des pays du Maghreb dans lesquels l'arabe officiel n'a que peu de rapport avec l'arabe parlé et moins encore avec le berbère.

Ces situations donnent donc à l'expression « droit à la langue » un autre sens. Le fait de ne pas parler la langue de l'État privant le citoyen de nombreuses possibilités sociales, on peut considérer que tout citoyen a *droit à la langue de l'État*, c'est-à-dire qu'il a droit à l'éducation, à l'alphabétisation, etc. Mais le principe de défense des minorités linguistiques fait que, parallèlement, tout citoyen devrait avoir *droit à sa langue*. Ainsi la situation d'un Français bretonnant n'est pas la même que celle d'un Marocain berbérophone : le premier parle de toute façon le français et réclame le droit à sa langue, le breton, le second peut ne pas parler ou ne pas lire l'arabe officiel et se trouve deux fois pénalisé, parce que sa langue n'est pas reconnue et parce qu'il ne domine pas la langue reconnue.

Une politique linguistique peut donc tenir compte à la fois du droit à la langue de l'État et du droit à la langue de l'individu mais, comme dans le cas des principes de territorialité et de personnalité, ceci sera d'autant plus difficile que les langues en jeu sont nombreuses.

Conclusion. — Qu'il s'agisse d'équiper les langues, d'intervenir sur l'environnement linguistique ou de légiférer, la planification linguistique constitue donc *in vitro* comme une réplique de phénomènes qui se sont toujours produits *in vivo*. La linguistique nous a appris que les langues ne se décrétaient pas, qu'elles étaient le produit de l'histoire, de la pratique des locuteurs, qu'elles évoluaient sous la pression de facteurs historiques et sociaux. Et, paradoxe, voilà que l'on se pique d'intervenir sur ces processus, de vouloir modifier le cours des choses, accompagner le changement ou agir sur lui.

Cette prétention peut sembler énorme. Mais les rapports entre l'*in vivo* et l'*in vitro* que nous avons indiqués, le fait que la planification linguistique « mime », d'une certaine façon, le cours naturel de l'évolution des langues, nous montrent que le premier instrument de la planification reste le linguiste. Si la politique linguistique est en dernière analyse du ressort des décideurs, aucune décision ne peut être prise sans une description précise des situations, problème que nous avons évoqué au chapitre précédent, du système phonologique, lexical et syntaxique des langues en présence, etc., ainsi que des sentiments linguistiques, des rapports que les locuteurs entretiennent avec les langues qu'ils côtoient quotidiennement. La politique a souvent été définie comme l'art du possible. Appliquée à la politique linguistique, cette proposition souligne là aussi le rôle fondamental du linguiste. C'est lui qui peut indiquer ce qu'il est techniquement possible de faire et ce qui sera psychologiquement acceptable par les locuteurs. Tout l'art de la politique et de la planification linguistiques est dans cette complémentarité nécessaire entre les scientifiques et les décideurs, dans cet équilibre difficile entre les techniques d'intervention et les choix de société.

Chapitre IV

L'ACTION SUR LA LANGUE (LE CORPUS)

Les politiques linguistiques, lorsqu'elles se proposent d'intervenir sur la forme de la langue, peuvent avoir différents objectifs : fixation d'une écriture, enrichissement du lexique, lutte contre les influences étrangères (« épuration »), standardisation, etc. Nous allons dans ce chapitre présenter brièvement quelques exemples de ces types d'interventions.

I. — Le problème de la langue nationale en Chine

L'idée que l'on parle en Chine le « chinois » est singulièrement simplificatrice. Mis à part les langues minoritaires, au nombre d'une cinquantaine, parlées par environ 5 % de la population, il existe un vaste ensemble, le groupe han, composé de huit langues différentes : la langue du Nord, le wu, le xian, le gan, le min du Nord, le min du Sud, le yué et le hakka[1], elles-mêmes divisées en plus de 600 dialectes locaux. C'est dire que le pays est loin d'être linguistiquement unifié : même si tous les Hans utilisent le même système d'écriture, ils ne prononcent pas les caractères de la même façon, n'ont pas la même syntaxe, en bref ils ne se comprennent pas entre eux d'un bout à l'autre du pays lorsqu'ils parlent leur langue première. C'est pourquoi la langue du Nord (baptisée dans

1. Voir A. Rygaloff, *Grammaire élémentaire du chinois,* Paris, 1973.

cette fonction *guan hua*) a très tôt été utilisée comme véhiculaire administratif, comme langue des fonctionnaires. Parallèlement ces fonctionnaires utilisaient une langue écrite classique, normée, le *wen yan*, qui se différenciait du *bai yan*, langue de la littérature populaire, du théâtre, etc.

En 1919, lors du mouvement du 4 mai, les étudiants et les intellectuels appelèrent les écrivains à remplacer la forme écrite classique du chinois, le *wen yan*, considéré comme le symbole de l'ordre ancien, par le *bai hua*, plus proche de la langue parlée, plus familier. Dans l'oral, se superposant aux langues locales, la langue d'administration de l'État continuait à se répandre. Il s'agissait toujours du *guan hua* (« langue des fonctionnaires » ou « langue mandarinale »), connue en Occident sous le nom de *mandarin* (mot créé sur le verbe portugais *mandar*, « commander »). Le mouvement du 4 mai, en faveur donc du *bai hua* pour ce qui concerne la langue écrite, appelait également de ses vœux l'émergence d'une langue d'unification, le *guo yu* (« langue nationale »). C'est après la révolution communiste de 1949 que l'on posa le problème de la normalisation de cette langue d'unification, dorénavant baptisée *pu tong hua* (« langue commune »)[1], qui fut définie en 1956 par sa prononciation (celle de Pékin), son lexique (celui des dialectes du Nord) et sa syntaxe (celle de la littérature en baihua).

On assiste alors à des interventions diverses sur la forme de cette langue. Dans le domaine de l'écriture tout d'abord. Dès 1955, le gouvernement socialiste avait publié une liste de 515 caractères et 54 particules simplifiées, afin de faciliter par la réduction du nombre de traits l'apprentissage de l'écriture[2]. Puis, en 1958, on créa un système de latinisation de la langue, le *pin yin*, dont la fonction était normalement auxiliaire : aider à l'apprentissage des caractères, servir à l'enseignement du chinois

1. L'appellation *guo yu* était conservée à Taiwan, ce pourquoi sans doute les communistes en changèrent.

2. Voir Louis-Jean Calvet, *La guerre des langues et les politiques linguistiques*, Paris, Payot, 1987, p. 225-233.

comme langue étrangère, rédiger les télégrammes, etc. Mais, en même temps, de nombreux indices laissaient penser que l'État envisageait de remplacer à terme les caractères par cette transcription. Ainsi une phrase de Mao était souvent citée : « Notre langue écrite doit être réformée, elle doit se diriger vers la phonétisation commune à toutes les langues du monde. »[1] En 1977 pourtant une nouvelle liste de caractères simplifiés fut publiée, laissant cette fois entendre que l'on se dirigeait à nouveau vers l'aménagement de l'écriture classique. Mais cette réforme fut abandonnée sous la pression d'un mouvement d'opinion dans lequel l'écrivain Pa Kin joua un rôle déterminant, mouvement qui arguait qu'à trop modifier l'écriture on finirait par la défigurer et par perdre une partie importante de l'héritage culturel han. Il n'est pas fréquent qu'un pouvoir aussi autoritaire que celui de la Chine recule ainsi et cet épisode confirme que ce nous écrivions au chapitre précédent : il est difficile d'imposer *in vitro* une réforme refusée *in vivo*. Ce balancement entre deux hypothèses, réformer les caractères ou les remplacer par un système à base phonétique, n'est pas seulement technique. La spécificité de la situation linguistique chinoise fait que, au prix de quelques aménagements, tous les Chinois peuvent lire les caractères et peuvent grâce à eux écrire à la fois le *pu tong hua* et leur langue première, qu'il s'agisse du hakka, du wu, etc. Le passage au *pin yin* changerait radicalement cette situation, car une transcription phonétique ne peut noter qu'une langue et celle-ci serait bien sûr la langue officielle. Ainsi, derrière un débat sur l'écriture s'en profile un autre, beaucoup plus important, qui concerne l'avenir linguistique du pays : le maintien des caractères garantirait dans une certaine mesure la survie *des* langues han, le passage à la romanisation serait

1. W. Lehmann éd., *Language and Linguistics in the People's Republic of China,* University of Texas Press, 1975, p. 51, et Zhou Youguang, Modernization of the Chinese Language, *International Journal of the Sociology of Language,* n° 59, 1986.

à l'évidence l'instrument de l'imposition *d'une* langue, le *pu tong hua*.

De façon plus large, la politique de développement du *pu tong hua* a créé dans une grande partie du pays une véritable situation de bilinguisme : les enfants par exemple apprennent d'abord la langue que leur transmettent leurs parents (que l'on continue à appeler officiellement « dialecte ») et acquièrent ensuite le *pu tong hua* ou le plus souvent du *pu tong hua* à l'école. Cette langue officielle est donc soumise à l'influence des parlers locaux :

« Le putonghua tel qu'il est parlé par les bilingues subit presque toujours des distorsions plus ou moins graves, dont certaines touchent son système phonologique même. Par exemple, certains traits phonologiques du putonghua et les oppositions qu'ils permettent sont absents dans les dialectes, y compris les dialectes du type Nord. »[1]

Le gouvernement dispose pour diffuser une langue uniformisée d'un certain nombre de moyens : la télévision, le cinéma, l'école... Mais l'école ne joue qu'imparfaitement son rôle, beaucoup de maîtres enseignent en « dialecte », leur connaissance du *pu tong hua* est imparfaite, etc. Ajoutons à cela que cette langue ne jouit pas d'un mouvement d'adhésion populaire. Si les gens du Nord, et surtout ceux de Pékin, la parlent sans trop de difficultés (mais les Pékinois représentent moins de 1 % de la population), le reste de la population han préfère utiliser sa langue propre et laisse transparaître dans cette utilisation de forts sentiments identitaires. Ainsi, dans deux des trois grandes villes du pays, Shanghai et Canton, la situation du *pu tong hua* n'est guère celle d'une langue nationale acceptée par tous :

« A Shanghai on parle très peu le putonghua à l'école ; dans les services publics, le sentiment xénophobe à l'égard de ceux qui ne parlent pas le shangayen se manifeste de telle manière qu'il fait souvent l'objet d'attaques dans les

1. Yang Jian, Problèmes de chinois contemporain, *La crise des langues,* Jacques Maurais éd., Gouvernement du Québec, Paris, Robert, 1985, p. 421.

journaux (...) Quant à Canton, il est évident que le problème de la langue (la préférence linguistique des habitants) n'est pas sans rapport avec les nombreux contacts économiques et commerciaux entre les habitants de la ville et ceux de Hong Kong. Pour ceux-là, l'utilité pragmatique du cantonnais est incomparable. Dans les postes les plus alléchants pour les jeunes (là où l'on est en contact avec les gens venant de Hong Kong), on exige des employés une parfaite performance en cantonais plus une relative maîtrise en anglais et en putonghua. »[1]

On voit donc que la politique de diffusion d'une langue nationale en Chine se heurte à de nombreuses difficultés. Certaines ne sont pas nouvelles et pourront être résolues avec le temps. La situation linguistique de la France au moment de la Révolution par exemple, assez comparable à celle de la Chine aujourd'hui, n'a pas empêché le français de s'imposer en deux siècles comme langue unique. Mais la difficulté principale, et celle-ci spécifique, de la Chine tient peut-être à la taille du pays. Est-il possible de changer par la loi, les décrets, l'administration, bref par le biais de la planification linguistique, les pratiques linguistiques d'un milliard deux cents millions de personnes qui parlent autant de langues différentes ? Seul l'avenir pourra répondre à cette question, mais si l'on songe que, dans le même temps, une langue comme l'anglais se répand sans problème à travers le monde en fonction véhiculaire, la comparaison des deux situations semble indiquer que l'action *in vitro* a certaines limites. Si, comme nous l'avons suggéré, la planification linguistique constitue, *in vitro*, un « mime » des phénomènes de changements *in vivo*, cette tendance mimétique a peut-être ses limites et ses impossibilités. De ce point de vue, l'exemple chinois vient alimenter la réflexion théorique et l'on peut se demander si, comme dans le célèbre principe de Peter selon lequel tout employé tend, dans une hiérarchie, à s'élever jusqu'à son niveau d'incompétence, *les politiques*

1. Yang Jian, *op. cit.*, p. 424.

linguistiques ne sont pas destinées à atteindre un jour ou l'autre leur degré d'inefficacité.

Nous reviendrons sur cette hypothèse à propos d'autres études de cas.

II. — Intervention sur le lexique et l'orthographe d'une langue : l'exemple du français

La France dispose, pour la défense de sa langue, de structures anciennes, comme l'Académie française, d'autres plus récentes comme la Délégation générale à la langue française, et intervient essentiellement dans le domaine de la terminologie. Ces interventions se manifestent d'abord par des textes législatifs, décrets ou lois.

Les « décrets linguistiques ». — Depuis le début des années 70, il s'est créé dans différents ministères français des « commissions de terminologie » chargées dans leurs domaines respectifs d'élaborer le vocabulaire adéquat. Entre 1973 et 1993 on compte ainsi 48 arrêtés portant sur des domaines aussi variés que les techniques spatiales, le tourisme, l'audiovisuel et la publicité, l'agriculture ou les personnes âgées. En 1994, la Délégation générale à la langue française a regroupé sous la forme d'un *Dictionnaire des termes officiels de la langue française* l'ensemble des termes et expressions « approuvés » (c'est la formulation officielle) par ces décrets.

Les lois linguistiques. — Contrairement à des pays comme la Norvège, la France n'a promulgué que très peu de lois linguistiques concernant le français. La première d'entre elles, pour la période récente, est la loi du 31 décembre 1975 relative à l'emploi de la langue française, dite « loi Bas-Auriol », désormais remplacée par la « loi Toubon ». Puis vient la loi constitutionnelle du 25 juin 1992 ajoutant à la Constitution un titre : « Des Communautés européennes et de l'Union européenne ».

Cette loi, adoptée par le Congrès (réunion des deux assemblées) et ayant pour but d'aménager la Constitution afin de permettre la signature des accords de Maastricht, ajoute, au premier alinéa de l'article 2 de la Constitution du 4 octobre 1958, la phrase suivante : « La langue de la république est le français. » Jusqu'à cette date, rien dans la Constitution ne précisait le rôle du français en France. Viennent ensuite deux lois d'une tout autre importance.

— La loi « Tasca ». Élaborée en 1993 par le secrétariat d'État à la Francophonie et aux Relations culturelles extérieures, cette loi sera adoptée le 17 mars 1993 par le dernier Conseil des ministres du gouvernement Bérégovoy et ne sera jamais présentée au Parlement : les élections législatives qui suivent entraînent un changement de majorité et de gouvernement. Elle est cependant évoquée ici car elle constitue le modèle de la loi présentée ci-dessous.

— La loi du 4 août 1994, dite « loi Toubon ». Adoptée le 23 février 1994 par le Conseil des ministres, elle suscite une vaste polémique dans l'opinion publique et dans la presse internationale (qui, de façon générale, se gausse de la France). Le 27 juillet 1994, après un recours déposé par le groupe socialiste de l'Assemblée nationale, le Conseil constitutionnel annule plusieurs articles et dispositions de la loi, qu'il juge contraires à l'article 11 de la Déclaration des droits de l'homme et du citoyen. Son but était à l'origine de réglementer l'usage de la langue française pour *tous* les citoyens, il a été limité après l'intervention du Conseil constitutionnel aux seuls fonctionnaires dans l'exercice de leur fonction. La loi intervient essentiellement dans cinq domaines :

— le monde du travail (contrats, etc.) ;
— la consommation (affichage en français) ;
— l'enseignement (obligatoirement en français) ;
— l'audiovisuel (français obligatoire dans les émissions et la publicité) ;
— les colloques, congrès, etc. (tout participant français doit s'exprimer en français).

L'orthographe. — Les Français ont à l'orthographe de leur langue un rapport étrange, se plaignant sans cesse de ses difficultés ou de ses incohérences, mais en même temps ne supportant pas qu'on y touche. C'est sans doute pourquoi les interventions de l'État en cette matière ont toujours été extrêmement prudentes et mesurées. Ainsi il existe un arrêté du 26 février 1901 « relatif à la simplification de l'enseignement de la syntaxe française » qui donne simplement une liste de tolérances orthographiques et précise que « dans les examens ou concours dépendant du ministère de l'Instruction publique, qui comportent des épreuves spéciales d'orthographe, il ne sera pas compté de fautes aux candidats pour avoir usé des tolérances indiquées »...

Ces tolérances sont en nombre limité :

— Acceptation du singulier ou du pluriel dans les constructions où le sens permet de comprendre *(des habits de femme* ou *de femmes*, *ils ont ôté leur chapeau* ou *leurs chapeaux)*.

— Acceptation des deux genres pour des mots comme *amour*, *orgue*, *gens*, *hymne*...

— Acceptation de l'absence de trait d'union dans les mots composés *(pomme de terre* ou *pomme-de-terre)*.

— Quelques tolérances concernant l'accord de l'adjectif (par exemple *se faire fort*, *forte* ou *forts*, *nu pieds* ou *nus pieds*, *demi* ou *demie heure*...).

— Quelques tolérances concernant l'accord du verbe précédé de plusieurs sujets ou d'un sujet collectif *(le chat ainsi que le tigre sont des carnivores* ou *est un carnivore, un peu de connaissances suffit* ou *suffisent)*.

— Dans le cas d'un participe passé construit avec l'auxiliaire *avoir* et suivi d'un infinitif ou d'un autre participe, acceptation de la forme invariable : *les sauvages que l'on a trouvé* ou *trouvés errant dans les bois*.

On voit que ces tolérances étaient très modérées, mais quiconque a fréquenté l'école française sait qu'elles n'ont été que très peu appliquées. En particulier, dans l'exercice de la dictée, l'enseignant attend le plus souvent des élèves qu'ils restituent les formes graphiques qu'il a sous les yeux et ne se préoccupe pas de savoir s'il existe à leur propos des tolérances...

Le problème va être reposé au début des années 90. Le 19 juin 1990 le Conseil supérieur de la langue française remet au Premier ministre un rapport réalisé à sa demande et contenant quelques propositions de rectification de l'orthographe[1] :

— Remplacement du trait d'union par la soudure dans certains mots (*portemonnaie*, *millefeuille*, *pingpong*, etc.).

— Pluriel des mots composés sur le modèle des mots simples (*un pèse-lettre*, *des pèse-lettres*, *un cure-dent*, *des cure-dents*, etc.).

— Simplification de l'usage de l'accent grave et de l'accent circonflexe.

— Cas particulier de *laisser* au participe passé suivi d'un infinitif, qui devient invariable *(elle s'est laissé mourir, je les ai laissé partir).*

— Enfin la graphie d'un certain nombre de mots était rectifiée en fonction de quelques principes de cohérence interne *(charriot* au lieu de *chariot),* de simplification *(nénufar* au lieu de *nénuphar),* etc.

Le groupe de travail qui avait établi ce texte avait pris quelques précautions, travaillant en relation avec l'Académie française, consultant le Conseil de la langue française du Québec et le Conseil de la langue de la communauté française de Belgique (par contre ni les Suisses ni les Africains n'avaient été consultés). Mais le statut de ces modifications orthographiques est extrêmement ambigu. En effet, le texte diffusé par la direction des journaux officiels s'intitule « Les rectifications de l'orthographe », ce qui laisse entendre que pour les mots concernés il y a dorénavant une forme ancienne et une forme rectifiée. Mais le Premier ministre, recevant en juin 1990 ce rapport, déclarait : « Il n'a jamais été question pour le gouvernement de

1. Les rectifications de l'orthographe, *Journal officiel de la République française, édition des documents administratifs,* n° 100, 6 décembre 1990.

légiférer en cette matière : la langue appartient à ses usagers qui ne se font pas faute de prendre chaque jour des libertés avec les normes établies. Mais il appartient au gouvernement de faire ce qui relève de son pouvoir pour favoriser l'usage qui paraît le plus satisfaisant – en l'occurrence celui que vous proposez. »[1] Et dans le texte même du rapport on trouvait une hésitation stylistique entre d'une part une présentation en termes de *propositions* ou de *recommandations* et d'autre part l'énoncé de *règles*, avec le ton impératif qui convient à ce genre.

Il est bien entendu impossible de savoir si ces modifications seront acceptées par l'usage, et tel n'est pas notre problème. Il est en revanche intéressant de comparer le ton des deux textes que nous venons d'évoquer. Nous avons dans le premier chapitre de ce livre fait une distinction générale entre la *planification indicative*, qui repose sur la concertation entre les différentes forces sociales, et la *planification impérative*, qui implique la socialisation des moyens de production. Cette distinction concernait bien entendu d'abord la planification économique, mais elle peut également s'appliquer à la planification linguistique. De ce point de vue, il faut souligner que l'intervention de l'État français en matière de langue est passée, en quatre ans, de l'un à l'autre de ces types de planification. Le texte de 1990 sur les rectifications de l'orthographe relève typiquement de la planification indicative : il n'a aucune force de loi et se contente de faire des propositions et d'espérer qu'elles passeront dans l'usage. Le texte de 1994, lui, est une loi qui interdit par exemple l'emploi de marques de fabrique constituées d'une expression ou d'un terme étrangers (art. 14), qui prévoit que les collectivités ou les établissements publics ne la respectant pas pourront perdre leur subvention (art. 15), qui précise que les officiers et agents de police judiciaires sont habilités à rechercher et à constater les infractions (art. 16), etc.

Une analyse rapide pourrait rapporter ces différences à

1. *Op. cit.*, p. 7.

une opposition gauche/droite : c'est sous le gouvernement de Michel Rocard, Premier ministre socialiste, qu'a été publié le texte concernant les rectifications de l'orthographe et c'est sous le gouvernement d'Édouard Balladur, Premier ministre de droite, qu'a été publiée la loi relative à l'emploi de la langue française. Ainsi la gauche pencherait, en matière de langue, pour la planification indicative tandis que la droite pencherait pour la planification impérative, c'est-à-dire que nous aurions ici des positions inverses de celles que ces courants politiques adoptent dans le domaine économique.

Mais l'existence d'un projet de loi élaboré en 1993 par un autre gouvernement socialiste (la « loi Tasca ») invalide cette analyse. Le fait que la loi Toubon se soit inspirée sur bien des points de la loi Tasca est intéressant, car il montre qu'en la matière il n'y a pas d'opposition entre une position « de droite » et une position « de gauche » sur la langue, mais plutôt entre une position nationaliste et dirigiste d'une part, et une position libérale d'autre part. Les lois ou projets de loi Tasca et Toubon étaient à l'évidence du côté du dirigisme (même si le premier était beaucoup moins répressif que le second), de la planification impérative, le texte accepté par Michel Rocard était, lui, du côté du libéralisme, de la planification indicative. Ainsi l'on trouve au sein même de la politique linguistique de la France la coexistence de deux positions antagonistes qui, ailleurs, caractérisent plutôt la politique linguistique de pays différents, comme la Turquie et la Norvège, et cette coexistence est typique du rapport ambigu que les Français ont à leur langue, hésitant entre la volonté d'ordre et le laisser-aller.

Les industries de la langue. — Apparue au début des années 80, l'expression « industries de la langue » désigne l'ensemble des nouvelles technologies de l'information, à la croisée de l'informatique, de l'intelligence artificielle, des sciences cognitives et de la linguistique. Il s'agit donc, ou devrait s'agir, de la production d'objets (dictionnaires électroniques, correcteurs orthographiques, logiciels de traitement de texte, de traduction automatique, bases de données, bases de connaissances, etc.) et de produits linguistiques (néologie, terminologie...) dans le cadre d'une recherche pluridisciplinaire de pointe.

La France a consacré au début des années 90 de gros crédits à la recherche dans ce domaine, qu'il s'agisse de la recherche proprement française ou de celle qui est menée dans le cadre des institutions francophones multinationales. L'enjeu est ici la présence de la langue française à la fois dans les produits informatiques (logiciels, etc.) et dans la communication moderne (autoroutes de l'information, réseau type INTERNET, etc.), ainsi que la production d'un vocabulaire français dans le domaine technologique pour faire échec à la tendance aux emprunts à l'anglais.

III. — La fixation de l'alphabet bambara au Mali

Le bambara (bamanan-kan) est une langue parlée au Mali et au Sénégal, variété d'un ensemble plus vaste, le mandingue, que l'on divise en deux groupes :

— Le mandingue de l'Ouest, avec le mandinka de Gambie et de Casamance, et le khassonké du Mali.

— Le mandingue de l'Est, avec le bambara du Sénégal et du Mali, le malinké de Guinée, le jula du Burkina Faso (ex-Haute-Volta) et de Côte-d'Ivoire.

Cet ensemble constitue un ensemble de parlers très proches les uns des autres, au point qu'on hésite à classer le bambara, le malinké ou le jula comme des langues différentes ou comme des dialectes d'une même langue, le mandingue. Au moment des indépendances, ces langues n'avaient pas de système d'écriture officiel : certains missionnaires avaient simplement improvisé des transcriptions pour rédiger des catéchismes. Mais différents projets d'organisation dans certains pays de campagnes d'alphabétisation des adultes en langues locales rendaient nécessaire une telle transcription. C'est pourquoi, du 28 février au 5 mars 1966, l'Unesco réunit à Bamako trente-cinq experts en linguistique et en alphabétisation venant de cinq pays européens et neuf pays africains[1] afin de mettre au point et d'unifier la transcriptions des langues d'Afrique de l'Ouest. Le rapport final de cette réunion proposait six alphabets (mandingue, peul, tamasheq, songhay-zarma, hausa et kanuri), alphabets qui devaient être soumis à l'approbation des États membres[2]. Celui qui concernait le mandingue se présentait de la façon suivante :

a b d dy e é f g gb h i k kh k m n nw ny o ó p r s sh t ty u w y z.

L'accent sur le e et sur le o notait la fermeture de ces voyelles, les voyelles longues étaient notées par redoublement (ii, oo, aa, etc.), et les nasales par un n ajouté à la voyelle (an, on, in, etc.).

Mais les pays dans lesquels on parlait une langue mandingue modifièrent cet alphabet sur un certain nombre de points, par exemple :

— Pour les occlusives palatales certains pays, dont le Mali, préférèrent les graphies c et j à celles proposées par l'Unesco (ty et dy).

— Pour la nasale palatale, le Sénégal préféra ñ au ny proposé.

— Pour les voyelles e et o, les variations étaient encore plus grandes, comme le montre le tableau ci-dessous :

	e fermé	*e ouvert*	*o fermé*	*o ouvert*
Bamako 1966	é	e	ó	o
Guinée	e	è	o	ö
Côte-d'Ivoire	e ɛ		o	ɔ
Haute-Volta	e ɛ		o	ɔ
Mali	e	è	o	ò
Sénégal	e	è	ó	o

1. Allemagne, Danemark, France, Grande-Bretagne et URSS, Cameroun, Côte-d'Ivoire, Guinée, Haute-Volta, Mali, Niger, Nigeria, Sénégal et Soudan.

2. Document Unesco/CLT/BALING/13 du 16 septembre 1966, p. 3.

Ainsi un paysan malien qui, ayant appris à lire sa langue, reconnaissait derrière la graphie *ò* le son /ɔ/, risquait d'être désorienté s'il venait à lire des brochures publiées en Guinée ou en Haute-Volta, pays voisins, où ce même son était transcrit *ö* ou *ɔ*. Il risquait aussi de confondre le *ò* qui dans son pays notait le o ouvert avec le *ó* qui dans le Sénégal voisin notait le o fermé (la différence d'accent n'est pas évidente). De la même façon le e ouvert, /ɛ/, était transcrit *è* en Guinée, au Mali et au Sénégal et ɛ en Côte-d'Ivoire et en Haute-Volta. Et ces variantes étaient bien mal venues, rendant par exemple impossible la publication de manuels d'alphabétisation communs à différents pays partageant la même langue.

Nous sommes ici dans un cas de figure très particulier. On imagine mal en effet que dans l'ensemble francophone par exemple la langue française soit écrite de différentes façons, ou que les différents pays hispanophones adoptent chacun leurs propres règles orthographiques[1]. C'est pourtant la situation qui s'est créée en Afrique de l'Ouest pour certaines langues. Différents pays dans lesquels on parlait la même langue n'avaient pas pour cette langue le même alphabet, et les mêmes sons n'étaient pas transcrits de la même façon dans différentes langues parlées dans le même pays. Ainsi la réunion de l'Unesco de 1966 proposait de noter les occlusives palatales *ty* et *dy* pour le mandingue et *c* et *j* pour le peul...

Il est vrai que, pour le mandingue, les formes parlées au Mali (bambara), au Burkina Faso et en Côte-d'Ivoire (jula) et en Guinée (Malinké) présentaient des différences, mais celles-ci ne faisaient pas obstacle à la communication et l'unification de l'orthographe aurait été un moyen de les standardiser. Chaque pays cependant établit son propre alphabet et, pour ce qui concerne le Mali, un décret du 26 mai 1967 avait fixé l'alphabet du bambara de

1. On constate il est vrai des variantes graphiques dans l'écriture de l'anglais aux États-Unis et en Grande-Bretagne, mais celles-ci ne sont pas standardisées.

la façon suivante : a, b, d, j, e, è, f, g, h, i, k, l, m, n, ny, n, o, ò, p, r, s, sh, t, c, u, w, y, z. Mais on était tout de même conscient de l'incohérence d'une situation dans laquelle un même son existant dans différentes langues du pays n'était pas transcrit de la même façon. La DNAFLA (Division nationale d'alphabétisation fonctionnelle et de linguistique appliquée) réunit donc en 1978 et 1979 des journées d'études consacrées au problème de l'unification interne, c'est-à-dire à la mise au point d'un alphabet commun à toutes les langues du Mali (au nombre de neuf). C'est ainsi que fut élaboré un « alphabet pour la transcription des langues nationales du Mali », qui fut ensuite adopté par décret le 19 juillet 1982.

Cet alphabet « commun » peut sembler extrêmement lourd : il est composé de 55 signes dont 19 seulement sont communs à toutes les langues, 4 sont communs à 8 langues, etc., et 11 ne sont utilisées que pour une seule langue (le tamasheq). C'est-à-dire que l'on a bien homogénéisé la transcription des mêmes sons dans les différentes langues mais que l'on s'est refusé à l'économie qui aurait pu résulter de l'utilisation de digraphes. Par exemple, dès lors qu'il existe dans l'alphabet latin un *c* ou un *s* et un *h*, on peut utiliser les digraphes *sh* ou *ch* pour transcrire le son initial de *chat* par exemple. L'alphabet malien, qui dispose de *s*, *c* et *h*, a cependant un signe phonétique spécial pour noter ce son, ainsi que γ pour noter ce que d'autres notent *q*, et une série de lettres pointées pour noter les emphatiques. Le résultat est certes d'une grande précision, proche d'une notation phonétique, mais à côté de cette précision concernant l'articulation des sons, il ne note pas les tons du bambara.

Et ceci pose un problème important. La grande majorité des écritures du monde sont, sur un point ou sur un autre, imparfaites, mais cette imperfection tient à la nature même de l'écriture. En effet, un alphabet doit répondre pour être efficace à un certain nombre de critères parfois contradictoires et entre lesquels il faut composer :

1 / Il doit être univoque, c'est-à-dire tel que la même lettre ou le même groupe de lettres transcrive toujours le même son, et que le même son soit toujours transcrit par la même lettre ou le même groupe de lettres (on sait que ce n'est pas le cas de l'alphabet latin appliqué au français ou à l'anglais par exemple). De ce point de vue, l'alphabet malien est cohérent, sauf sur un point : la notation des nasales et des prénasalisées. Les voyelles nasales, nous l'avons dit, sont en effet notées par adjonction d'un n : *an* = /ã/, *on* = /õ/, etc. Mais les consonnes prénasalisées sont notées en les faisant précéder d'un n : *mb, ns, ng*. Or, comme les mots composés sont écrits sans traits d'union mais en soudant les éléments entre eux, on a parfois du mal à savoir si le n appartient à une voyelle nasale ou à une consonne prénasalisée. Ainsi, dans une suite comme *sansabantura*, « un taureau de trois ans » (*san* = année, *saba* = trois, *ntura* = taureau), on risque de lire en décomposant différemment : *sa/nsaban/tura*, san/saban/tura...

2 / Il doit permettre de noter tous les sons pertinents de la langue, y compris les tons, ce qui n'est pas le cas de l'alphabet malien : les paires *ba* (« chèvre ») et *ba* (« fleuve »), *jo* (« fétiche ») et *jo* (« raison »), *gèlè* (« canon ») et *gèlè* (« mirador »), *joli* (« sang ») et *joli* (« plaie »), *fini* (« tissu ») et *fini* (« fonyo »), etc., s'écrivent de la même façon alors que le premier élément est de ton bas et le second de ton haut.

3 / Il doit être facile à apprendre et à utiliser : nous venons de voir en 1 et 2 que cela n'est pas tout à fait le cas.

4 / Son apprentissage doit pouvoir être réutilisé (par exemple la connaissance de l'alphabet latin permet, au prix de quelques aménagements, de lire l'italien, l'espagnol, le français, l'anglais, l'allemand, etc.).

On voit qu'il peut y avoir opposition entre la volonté de précision et la recherche d'une facilité d'utilisation, et que tout le problème est de trouver le bon équilibre. L'avenir nous dira si l'alphabet malien est rentré en usage sans difficulté, mais cet exemple nous permet d'évoquer les différents problèmes inhérents à l'établissement d'un alphabet et d'une orthographe. Les principes qui semblent avoir présidé à la fixation de cet alphabet sont d'un certain point de vue contradictoires : on sent une volonté de coller aux faits de langue, qui se manifeste par une très grande précision dans la notation des consonnes, volonté qui disparaît lorsqu'il s'agit de noter les tons. Mais les paires de mots qui se différencient par le ton sont en nombre limité et, bien souvent, la syntaxe suffit à lever l'ambiguïté. Ainsi il y a peu de chance que l'on confonde un adjectif comme *bon* (« gros », de ton bas) avec un verbe comme *bon* (« lancer », de ton haut), ou un verbe comme *boli* (« courir », de ton bas) avec un substantif comme *boli* (« fétiche », de ton haut), etc. Et ceci nous montre que l'écriture n'a pas nécessairement besoin de distinguer strictement ce que distingue l'oral. Gérard Galtier notait que, « dans le code écrit comme dans le code oral, on s'attend à ce que chaque signe soit pleinement reconnaissable et distinct des autres signes. Mais les procédés utilisés à cette fin sont différents dans le code écrit et dans le code oral »[1]. Et il poursuivait que l'on pouvait imaginer de distinguer les rares paires problématiques non pas en notant systématiquement les tons par des accents, comme certains l'avaient proposé, mais tout simplement en écrivant de façon légèrement différente l'un des deux termes.

Nous n'allons pas poursuivre ici ce débat, qui peut apparaître comme trop technique, mais on voit qu'au moment de la fixation d'un système orthographique le planificateur ne doit pas nécessairement se laisser imposer les exigences de précision scientifique du linguiste.

Et cette conclusion vaut de manière générale. Il faut savoir pour qui et pour quel usage on transcrit, pour qui et pour quel usage on crée des mots, pour qui et pour

1. Gérard Galtier, «Problèmes actuels de la transcription du bambara et du soninké», communication à la Réunion d'experts sur la transcription et l'harmonisation des langues africaines, Niamey, juillet 1978.

quel usage on standardise une langue. Ce qui signifie que l'intervention sur la forme d'une langue doit être liée à une utilité pratique et non pas à l'idée abstraite que l'on peut en avoir.

IV. — La « révolution linguistique » en Turquie

Dil devrimi, la « révolution linguistique » : c'est ainsi que l'on désigne en turc l'ensemble des réformes menées après la fondation de la République (1923) par le régime de Mustafa Kemal. Le turc écrit était à cette époque devenu une langue savante remplie de mots d'origine arabe et persane, à laquelle la grande majorité de la population n'avait pas accès, et qui ne transcrivait en rien la langue parlée, avec laquelle elle n'avait que peu de rapports. En outre l'alphabet utilisé était très mal adapté à la langue : il y a en turc huit voyelles brèves et trois longues et l'alphabet arabe ne permet de noter que trois voyelles. C'est pourquoi le problème d'une réforme de l'écriture était posé depuis longtemps, mais il était pratiquement impossible, dans cet État musulman théocratique, de toucher au système graphique qui avait servi à transcrire le Qoran.

Les jeunes dirigeants, laïques, modernistes et marqués par le modèle européen, qui accédaient au pouvoir ne pouvaient accepter, ici comme ailleurs, les traces de l'Empire ottoman. Mais il était très délicat d'imposer une réforme de l'écriture qui ne pouvait qu'être perçue comme dirigée contre la religion. Mustafa Kemal attendit cinq ans : en 1928 il créa une « commission linguistique » chargée d'élaborer un nouvel alphabet qui, quelques mois plus tard (1er novembre 1928), fut adopté par l'Assemblée nationale. En fait, Kemal avait au préalable opéré un véritable coup de force, annonçant le 8 août dans un discours que ce nouvel alphabet était adopté : l'Assemblée nationale n'avait plus qu'à entériner...

Cet alphabet, adapté de l'alphabet latin, était donc le produit d'un choix politique et idéologique tendant à laïciser la langue. Il restait à l'imposer, et les choses allèrent très vite : en moins de deux ans il était devenu d'usage obligatoire pour l'affichage, les documents administratifs, les livres, les journaux et, bien sûr, dans l'enseignement. L'ancien alphabet disparut d'autant plus vite que, parallèlement, on supprimait l'enseignement de l'arabe et du persan dans les écoles.

Mais le nouveau régime turc n'allait pas en rester là. On supprima d'une part les tournures grammaticales arabo-persanes dont la langue écrite était truffée, puis on confia à une « société d'étude de la langue turque » le soin de remplacer tout le vocabulaire arabo-persan par un vocabulaire d'origine turque. En effet la grande majorité du vocabulaire scientifique et théorique était empruntée à l'arabe et l'on procéda dans un premier temps à un inventaire des éléments lexicaux disponibles en turc en sens large :

« Par "turc", les artisans de la "révolution linguistique" entendaient toute langue, ancienne ou moderne, appartenant à la famille turque : de la langue des inscriptions de l'Orkhon aux parlers vivants des Turkestans, du Caucase, de la Volga, de Sibérie, etc., en passant par l'Ouïgour et le Tchaghataï, sans oublier, bien sûr, les dialectes anatoliens et balkaniques. »[1]

Et cette définition, par son ampleur, caractérise parfaitement le propos du pouvoir turc qui s'apparente à unc véritable entreprise de purification, au sens où l'on parle aujourd'hui de purification ethnique.

Le premier résultat de ce travail, publié en 1934, est un énorme recueil des formes lexicales d'origine arabe ou persane avec leur équivalent turc[2], suivi d'une liste alphabétique de ces mots turcs, ouvrage dont la ressemblance avec le *Dictionnaire des termes officiels de la langue française* publié en 1994 en accompagnement du projet de loi Toubon est frappante. La publication des données lexi-

1. Louis Bazin, La réforme linguistique en Turquie, *La réforme des langues,* Hambourg, 1985, p. 167.
2. *Tarama Gerdisi (Recueil de dépouillement),* Istanbul, 1934.

cales devait se poursuivre, et c'est à partir d'elles que l'on entreprit un important travail de néologie que Louis Bazin présente en quatre chapitres :

— Exhumation de mots anciens, en général sortis de l'usage, pour remplacer des emprunts à l'arabe ou au persan. Par exemple le terme azerbaïdjanais *känd*, « village », est utilisé (sous la forme *kent*) pour remplacer avec le sens de « ville » le persan *sehir*. Parfois, une utilisation très particulière de l'étymologie servait à justifier le maintien d'un emprunt. C'est ainsi que *okul*, « école », était expliqué par la racine *oku-*, « lire », ou que « social » l'était par la racine *soy*, « race »...

— Création de néologismes par dérivation de mots turcs. Ainsi, à la place du mot arabe *tahkîk*, « enquête », qui était d'ailleurs en concurrence avec le terme d'origine française *anket*, on construisit *sorusturma* sur la racine *sor-*, « questionner », dont on dériva successivement *sorus-*, « s'entre-questionner », puis *sorustur*, « enquêter ». Les terminologues firent parfois preuve d'une grande ingéniosité. Par exemple, pour remplacer les mots d'origine arabe *müselles*, « triangle », et *müseddes*, « hexagone », ils partirent des chiffres turcs *ürc*, « trois », et *alti*, « six », leur ajoutèrent un suffixe inventé mais de consonance turque, *-gen*, qui avait par ailleurs l'avantage de rappeler le suffixe grec *-gone*, pour créer *ücgen* et *alyigen*...

— Création de néologismes par composition. C'est ainsi que le réfrigérateur se dit désormais *buzdolabi* (sur *buz*, « glace », et *dolap*, « armoire ») ou que le terme d'origine arabe *beynelmilel* a été remplacé par *uluslararasi* sur *ulus-lar*, « les peuples », et *ara, « intervale entre ».*

— Emprunts aux langues européennes. Le fait que la « purification » du vocabulaire turc était bien dirigée contre l'arabe et le persan apparaît nettement dans les emprunts que l'on fit à d'autres langues, en particulier au français. On a ainsi *frisör*, « coiffeur », *restoran*, *omlet*, ou encore *atom enerjisi*, dont le sens est évident.

C'est ainsi que s'est constitué, que se constitue en fait car l'entreprise se poursuit, le *öz türkçe*, le « turc pur », expression qui caractérise parfaitement le but visé. Le résultat de cet ensemble de mesures est résumé par Louis Bazin de la façon :

« L'écart entre la langue turque-ottomane (écrite) de la fin du XIXe siècle ou du début du XXe et la langue turque "républicaine" actuelle, écrite et enseignée, est à ce point considérable que, même transcrits de l'ancien système arabo-turc dans le nouvel alphabet turc-latin, les textes ottomans de la dernière période sont, dans leur grande majorité, incompréhensibles pour un Turc de moins de soixante ans n'ayant pas suivi des cours spécialisés (de niveau universitaire). »[1]

On voit que l'exemple turc entre dans le cadre d'une planification résolument impérative, qui a été rendue possible par l'existence d'une incontestable volonté de réforme et, surtout, d'un pouvoir fort. L'exemple de la Norvège, que nous présentons ci-dessous, nous montrera que les choses vont de façon très différente dans le cadre des pays démocratiques.

V. — La standardisation d'une langue : l'exemple de la Norvège

Au début du XIXe siècle, après trois cents ans de domination danoise (1523-1814), la Norvège passait sous juridiction suédoise avant d'obtenir son indépendance. La situation linguistique était à cette époque caractérisée par la coexistence du danois littéraire, langue de l'enseignement et de la littérature, d'un standard urbain et de différents dialectes ruraux, avec une importante difficulté d'intercompréhension entre la première forme et les dernières. E. Haugen présente la situation à cette époque en distinguant entre cinq variétés linguistiques :

— Le pur danois, essentiellement utilisé au théâtre, dans lequel dominaient les acteurs danois.

1. Louis Bazin, La réforme linguistique en Turquie, *La réforme des langues,* Hambourg 1983, p. 155.

— Le standard littéraire, langue de l'école, du temple, que l'on peut définir comme du danois prononcé avec l'accent norvégien.

— Le standard familier, langue de la bourgeoisie, intermédiaire entre la forme précédente et la suivante.

— Le sous-standard urbain, langue des villes, avec d'importantes variantes locales.

— Les dialectes ruraux enfin[1].

Tout au long du siècle, cette situation va être l'objet de nombreuses discussions et de nombreuses propositions. Le débat va au départ se cristalliser autour deux approches. Knud Knudsen (1812-1895) d'une part proposait de partir de la langue parlée urbaine *(byfolkets talesprog)* afin d'établir une forme standard en norvégianisant la prononciation du danois. D'autre part Ivar Aasen (1813-1896) proposait de partir des dialectes ruraux pour construire une langue norvégienne unifiée. Ces deux idées de langues étaient baptisées de façon différente : *dansk* (danois), *dansk-norsk* (dano-norvégien) ou *rigsmål* (forme parallèle à l'allemand *reichssprache*) dans le premier cas, *norsk* (norvégien), *national sprog* (langue nationale) ou *lansmål* dans le second cas. Le couple *rigsmål/lansmål* va longtemps être la traduction lexicale des positions en présence, le premier terme désignant donc une langue littéraire, proche du danois (on l'appelle aujourd'hui *bokmål*) et le second le projet de langue standardisée à partir des dialectes (on l'appelle aujourd'hui *nynorsk*).

La tentative de standardisation de la langue va partir de la graphie : après 1905, lorsque la Norvège obtient son indépendance définitive (dissolution de l'union avec la Suède), on va multiplier les commissions linguistiques et le Parlement norvégien votera un nombre impressionnant de réformes orthographiques (1907, 1913, 1916, 1923, 1934, 1936, 1938, 1941, 1945, 1959, 1981) qui correspon-

1. E. Haugen, *Language Conflict and Language Planning, the Case of Modern Norwegian,* Cambridge, Harvard University Press, 1966.

dent chaque fois à des options politiques différentes. La réforme adoptée en 1938 par exemple, inspirée par le Parti communiste qui était alors très influent, sera ainsi sous l'occupation allemande accusée de vouloir « introduire la dictature du prolétariat dans le domaine linguistique », remplacée en 1941 par une autre graphie qui sera à son tour supprimée en 1945, après la Libération. On peut donc, de façon générale, considérer que les partisans du *bokmål,* langue plus proche du danois, se situent plutôt à droite sur l'échiquier politique tandis que les partisans du *nynorsk*, langue inspirée des dialectes populaires, se situent plutôt à gauche.

Deux variétés de norvégien écrits coexistent donc aujourd'hui, et le Conseil de la langue norvégienne publie chaque année un certain nombre de modifications orthographiques que les manuels scolaires doivent répercuter (ils sont révisés tous les cinq ans). On enseigne dans les écoles les deux formes *(nynorsk* et *bokmål)* et l'on consacre beaucoup de temps à l'apprentissage des formes orthographiques et des flexions. Mais il s'agit là de la langue écrite, et la situation reste toujours aussi complexe dans la langue parlée. André Catafago distingue ainsi aujourd'hui six variétés de norvégien :

« 1. Le *nynorsk* traditionnel (conservateur).

« 2. Le *nynorsk* modernisé (radical).

« 3. Le *bokmål* traditionnel (modéré).

« 4. Le *bokmål* modernisé (radical).

« 5. Le norvégien commun (ou *samnorsk*, sorte de *bokmål* unifié avec structures de type *nynorsk*).

« 6. Le *riksmål* (variété non officielle, plus traditionnelle encore que la variété 3). »[1].

Ces variétés se distinguent en particulier par la prononciation, la place de l'accent, et d'interminables débats opposent les tenants d'une norme unique à ceux de la

1. André Catafago, Le norvégien : des problèmes mais pas de crise véritable, *La crise des langues,* Jacques Maurais éd., Gouvernement du Québec/Paris, Robert, 1985, p. 286.

reconnaissance des faits dialectaux, tandis que l'on publie régulièrement des listes de mots avec mention des différentes formes d'accentuation.

Cette situation, vieille donc de près de deux siècles, prend évidemment racine dans la volonté d'une partie de la population de construire une forme linguistique qui ne soit pas danoise, d'effacer dans la langue les traces de la domination danoise. Il s'agissait de la quête d'une forme identitaire rendue malaisée par le fait que tous les Danois n'avaient pas la même image de son identité. Par la suite le débat s'est légèrement transformé : il ne s'agit plus aujourd'hui d'affirmer par l'unification linguistique l'existence d'une nation norvégienne, qui n'est pas contestée, mais de savoir si l'on veut une norme unique ou si l'on admet la pluralité des formes linguistiques.

Dans tous les cas, cette situation qui peut paraître excentrique nous ramène au principe que nous avons formulé à propos de la Chine, selon lequel les politiques linguistiques sont destinées à atteindre un jour ou l'autre leur degré d'inefficacité. Si la situation norvégienne semble bloquée, ce n'est bien entendu pas pour les mêmes raisons : en Chine c'est, nous l'avons vu, l'immensité du territoire et l'importance de la population qui font problème, c'est ici la gestion démocratique et les constants revirements qu'elle génère. Il ne faudrait pas en conclure trop rapidement que la démocratie est un système dont la politique linguistique s'accommode mal (si la Turquie d'Ata Türk, où les objectifs de planification ont été atteints, ne représente pas vraiment un modèle démocratique, on ne peut pas dire la même chose de la Suisse par exemple, qui gère pourtant son plurilinguisme à la satisfaction générale) mais que la constante remise en cause des décisions ne facilite pas vraiment la mise en œuvre d'une politique linguistique, ce qui signifie tout simplement qu'il est sage de prolonger le moment de la réflexion avant de passer au stade de la planification.

Chapitre V

L'ACTION SUR LES LANGUES (LE STATUT)

Dans les situations de plurilinguisme, les États sont parfois amenés à promouvoir telle ou telle langue jusque-là dominée, ou au contraire à retirer à telle autre un statut dont elle jouissait, ou encore à faire respecter un équilibre entre toutes les langues, en bref à gérer le statut et les fonctions sociales des langues en présence. Nous allons dans ce chapitre présenter quelques-unes de ces interventions.

I. — **La promotion d'une langue véhiculaire : le cas de la Tanzanie**

Indépendante en 1964, fruit de la fusion de l'ancien Tanganika et de l'île de Zanzibar, la Tanzanie est un pays d'environ 25 millions d'habitants (1993) dans lequel on parle près de 120 langues qu'ils faut aujourd'hui présenter en trois groupes :

— Il y a d'une part les langues premières de la population, en grande majorité bantoues, avec des minorités couchitiques et nilotiques et quelques langues asiatiques parlées par des migrants.

— En deuxième lieu il y a une langue véhiculaire devenue langue nationale, plus ou moins bien parlée, selon l'âge des gens, le swahili. En 1969, Wilfred Whiteley estime ses locuteurs à une quinzaine de millions :

« Ceux qui parlent swahili comme langue maternelle et

qui ne dépassent probablement pas le million... Ceux qui l'acquièrent comme langue seconde et l'utilisent fréquemment dans leur vie quotidienne. Ils sont certainement plus de dix millions... Un groupe qui dépasse probablement le million et qui utilise la langue de façon limitée... Et finalement ceux qui utilisent sporadiquement la langue avec une connaissance très limitée. »[1]

— Enfin il y a une langue léguée par l'époque coloniale, l'anglais.

Pour comprendre cette situation il nous faut remonter au début du XIXe siècle, aux premiers témoignages dont nous disposons sur l'existence de cette langue. Henry Salt par exemple écrit en 1814 :

« Les mots suivants m'ont été donnés par des marins d'un bateau arabe qui s'appellent eux-mêmes sowaulis, ce qui semble être un peuple très différent du peuple somauli. Cette tribu occupe la côte est de l'Afrique, de Mugdasho... aux environs de Monbassa. »[2]

Il ne s'agit pas en fait d'une « tribu » mais d'une langue essentiellement véhiculaire (sauf à Zanzibar où elle était langue première), bantoue dans ses structures mais au vocabulaire composite et pratiquement pour moitié emprunté à l'arabe, qui s'est développée dans le commerce maritime, le long des côtes est de l'Afrique, et vers l'intérieur du continent, sur la route des caravanes. Au centre de ces deux axes de diffusion se trouve l'île de Zanzibar, qui joue à cette époque un rôle commercial important : traffic d'esclaves, importation de coton américain, exportation de girofle, d'ivoire, etc. C'est ainsi qu'une langue véhiculaire de marins va lentement pénétrer le continent africain, le traverser d'est en ouest, sous l'influence de facteurs essentiellement commerciaux. Cette expansion *in vivo* va ensuite être relayée par l'action *in vitro* de la colonisation allemande : le swahili devient à la

1. Wilfred Whiteley, *Swahili, the Rise of a National Language,* Londres, 1969, p. 3.

2. Henry Salt, *A Voyage to Abyssinia and Travels,* Londres, 1814, cité par W. Whiteley, p. 1.

fin des années 1980 la langue d'administration de la Deutsch Ostafrica et le restera après la Première guerre mondiale dans le Tanganyka britannique. Aux alentours de 1960, il est utilisé sur un vaste territoire, en Tanzanie, au Kenya, en Ouganda, au Ruanda, au Burundi, dans une partie du Zaïre, au sud de la Somalie et au nord du Mozambique, et il constitue alors l'archétype de la langue véhiculaire, 7 % de ses locuteurs seulement l'ayant comme langue maternelle (c'est-à-dire que son taux de véhicularité se montait à 93 %).

Au moment de son indépendance, en 1961, le Tanganika (qui deviendra Tanzanie en 1964) hérite donc de cette situation : le pays est géré en anglais, la population parle plus de cent langues différentes et le swahili (ou kiswahili[1]) sert de langue véhiculaire sur les marchés, le long des pistes, dans les ports. Mais ce swahili a été la langue des campagnes pour l'indépendance, celle dans laquelle Julius Nyerere s'adressait au peuple, et elle est ainsi lentement devenue le symbole de la libération. Élu président de la République en 1962, Nyerere va en faire l'instrument qui permettra de souder ce pays neuf. Son usage commencera au plus haut niveau : en 1960, les candidats à l'assemblée nationale devaient, aux termes de la loi, lire et parler couramment l'anglais, à partir de 1965 cette clause disparaît et la campagne électorale se fait en swahili. Il en résultera une évidente démocratisation du recrutement des élus et, au début des années 70, le Parlement siégera presque uniquement dans cette langue. Parallèlement, le swahili devenait la langue officielle des tribunaux de première instance (1964), ce qui représentait également une importante avancée démocratique, et son usage s'étendait lentement à des fonctions officielles de plus en plus nombreuses, jusqu'à devenir finalement langue

1. *Ki* est le préfixe bantou qui indique le nom d'une langue, *ba* indiquant le nom d'un peuple : ainsi les *bakongo* parlent *kikongo,* les *baluba* parlent *ciluba,* etc.

nationale. L'évolution de la situation linguistique de la Tanzanie peut être représentée de la façon suivante[1] :

	Langue utilisée	
Niveau	*Période coloniale*	*Depuis l'indépendance*
national	anglais	swahili et anglais
district	swahili	swahili
village	vernaculaire	swahili
voisinage		vernaculaire

On voit que le swahili s'est fonctionnellement étendu à la fois « vers le haut » et « vers le bas », aux dépens de l'anglais d'un côté, et des langues vernaculaires de l'autre. Cette expansion a été facilitée par un certain nombre de facteurs :

— L'héritage historique tout d'abord. La langue était, au moment de l'indépendance, depuis longtemps écrite et utilisée dans l'administration locale, et cette situation, très différente de celle des pays africains colonisés par la France, facilitait sa promotion.

— Le fait que, symboliquement, le swahili était perçu comme la langue de l'indépendance, sans aucune connotation coloniale.

— Le fait qu'il n'était, si l'on peut dire, la langue de personne, que sa promotion ne pouvait pas être assimilée à la prise de pouvoir d'un groupe ethnique sur les autres.

— Et bien sûr le fait qu'il était parlé par une très large majorité de la population.

On voit donc que la « structure linguistique » du pays a été considérablement modifiée, et que la Tanzanie nous fournit un exemple typique d'action sur les langues. Celle-ci a, bien entendu, nécessité ensuite une intervention sur la langue, aussi bien sur sa forme (néologie) que sur ses usages (promotion). Deux ministères vont être au départ concernés par cette planification linguistique, celui de

1. Tableau emprunté à Jean O'Barr, *Language and Politics,* Mouton, 1976, p. 75.

l'éducation et celui du « développement communautaire et de la culture nationale »[1]. Le premier s'occupera de l'introduction de la langue dans le cursus scolaire, le second du développement d'une expression littéraire en kiswahili. De très nombreuses commissions ou associations privées travailleront ensuite sur la modernisation de la langue, tandis que se créait à l'University College de Dar es Salaam un « Institute of Swahili Research ». Mais tout ceci relève d'une autre approche, développée au chapitre précédent, et nous ne nous y attarderons pas.

II. — La promotion d'une langue minoritaire : le cas de l'Indonésie

L'Indonésie est composée d'environ trois mille îles et compte une population de 188 millions d'habitants (estimation 1993) qui se répartissent en différents groupes ethnolinguistiques[2] et parlent environ deux cents langues différentes. En 1928, alors que le pays était une colonie hollandaise, le Parti nationaliste indonésien, qui militait pour l'indépendance, proclame que le malais sera la langue nationale de l'Indonésie. Cette décision n'avait, à l'époque aucune efficacité, elle constituait une politique linguistique sans planification possible, et sa fonction était surtout symbolique : l'affirmation de l'existence d'une langue *nationale* impliquait l'existence d'une *nation*. La langue choisie pour cette fonction était une langue véhiculaire, surtout utilisée dans les ports et sur les marchés, de surcroît minoritaire : la langue la plus parlée dans l'archipel était le javanais, mais le choix du malais avait l'avantage d'éviter les polémiques et les conflits qu'aurait entraîné la promotion du javanais.

Lorsque l'Indonésie obtient son indépendance au milieu des années 40, elle décide donc d'appliquer cette politique

1. William O'Barr, *Language and Politics,* Mouton, 1976, p. 45.
2. Javanais : 39,4 %, soudanais : 15,8 %, malais : 12,1 %, madurais : 4,3 %, autres : 28,4 %.

vieille de près de vingt ans et d'adopter le malais comme langue nationale. Nous sommes donc typiquement dans le cadre d'une intervention *in vitro* sur *les* langues, qui se propose de gérer sur le mode du monolinguisme un pays extrêmement plurilingue. Mais cette intervention va rendre nécessaire une action sur *la* langue : il faudra « équiper » le malais (rebaptisé *bahasa indonesia*, « langue indonésienne »), lui fixer une orthographe et lui forger un vocabulaire lui permettant de remplir ses nouvelles fonctions.

Le malais, longtemps écrit à l'aide d'un alphabet adapté de l'arabe, s'était vu donner en 1901 dans ce qui était alors les Indes néerlandaises une orthographe latine fixée par C. van Ophuysen, qui s'apparentait aux principes de l'écriture du néerlandais sur deux points : le son/j/ était noté *j* et le son /u/ était noté *oe*. Parallèlement, les britanniques instituaient en 1904 en Malaisie l'orthographe Wilkinson, légèrement différente. L'Indonésie indépendante se donne en 1947 un nouveau système, l'orthographe Soewandi (du nom du ministre de l'Éducation de l'époque), que l'on va plusieurs fois proposer de modifier (en 1956 puis en 1961 et enfin en 1972). C'est la dernière version, l'orthographe EYD (*Ejaan Yang Disempurnakan*, « orthographe perfectionnée ») qui a été finalement adoptée et qui est aujourd'hui utilisée à la fois en Indonésie, en Malaisie et à Singapour[1]. Nous n'entrerons pas dans les détails de ses règles et nous contenterons de souligner que, au contraire de l'exemple africain développé au chapitre précédent, nous avons ici une politique qui a délibérément cherché à normaliser l'écriture d'une langue parlée dans plusieurs pays.

Restait le problème du lexique. De façon paradoxale, il fut d'abord abordé par l'occupant japonais qui, en 1941, avait créé une « Commission de la langue indonésienne » (*Komisi Bahasa Indonesia*) chargée de travailler sur la

1. Voir Pierre Labrousse, Réforme et discours sur la réforme : le cas indonésien, *La réforme des langues,* Istvan Fodor, Claude Hagège eds, Hambourg, Buske Verlag, 1983, vol. 2, p. 340-341.

grammaire et le vocabulaire de la langue. Elle fut en 1945 remplacée par un « Centre de la langue et de la culture » qui entreprit la tâche d'équiper la langue, en respectant un certain nombre de principes. Il s'agissait de chercher d'abord un mot existant déjà en *bahasa indonesia*, de se rabattre sur un mot emprunté à une autre langue de l'archipel s'il n'en existait pas en *bahasa*, sinon choisir un mot dans une autre langue asiatique, la solution consistant à prendre un terme d'une langue internationale européenne venant en dernier lieu[1]. Ainsi le mot malais *swantantra* remplaça l'emprunt *autonomi*, le mot javanais *timbel* remplaça l'anglais *lead*, le mot soudanais *nyeri* remplaça l'anglais *pain*, le mot arabe *zarah* fut choisi pour désigner l'atome, etc.

Par la suite, ces principes furent interprétés très librement et Pierre Labrousse indique que trois procédés sont aujourd'hui utilisés :

— L'emprunt, comme dans *analis* (anglais *analyst*) ou dans *hipotik* (néerlandais *hypotheek*).

— Le calque sémantique, comme dans *iklan batu nisan* (« annonce de stèle funéraire ») pour l'anglais *tombstone*.

— La resémantisation des mots indonésiens, lorsque *amanat*, « message », prend le sens de « ordre » (*amanat bayar*, « ordre de paiement »).

On voit donc que la distinction entre corpus et statut, ou entre action sur la langue et action sur les langues, est très artificielle et que si elle a permis de belles synthèses dichotomiques elle ne s'accorde que peu avec les faits. Une politique linguistique n'intervient pas soit sur la forme de la langue, soit sur les relations avec les langues : Le plus souvent, le changement de statut d'une langue implique ensuite une intervention sur son corpus, ce que nous avons appelé son « équipement », et le cas indonésien en est un bel exemple. Il est un autre point sur lequel ce cas a valeur générale. Pierre Labrousse souligne que les

1. S. Takdir Alisjahbana, *Language Planning for Modernizartion, the Case of Indonesian and Malaysian,* Mouton, 1976.

nombreuses interventions sur la langue n'ont jamais soulevé le moindre problème dans la population :

« L'idée que l'indonésien est une langue "imparfaite", qu'il faut développer, en un mot un "instrument" toujours perfectible, s'est imposée aisément dans une société multilingue et au contact du néerlandais qui lui ressemble par bien des points. Par rapport aux sociétés où les problèmes linguistiques provoquent de vives tensions, cette image démythifiée de la langue est très originale. »[1]

Et cette absence de tension est sans aucun doute à mettre en relation avec la fonction véhiculaire du malais, avec le fait qu'il n'était pas, à l'origine, perçu comme la langue d'un groupe, d'une faction prenant le pouvoir et imposant sa langue aux autres.

III. — La paix linguistique suisse

La Suisse constitue un exemple qui vient s'inscrire en faux contre la conception romantique de l'État-nation qui fait de la langue commune (quand ce n'est pas la race commune) à la fois le symbole et le garant de l'unité nationale. Pierre Knecht, définissant avec humour la partie francophone du pays comme « une Suisse linguistiquement française ou une France politiquement suisse »[2] illustre bien cette séparation entre l'approche politique (les Suisses sont évidemment suisses) et l'approche linguistique (les Suisses ne parlent pas « suisse » mais allemand, français, italien ou romanche).

Ces quatre langues se répartissent statistiquement et territorialement de la façon suivante :

74 % de germanophones, dans quinze cantons ;
21 % de francophones, dans quatre cantons ;
4 % d'italophones, dans un canton ;
1 % de romanchophones.

1. *Op. cit.*, p. 354.
2. Pierre Knecht, Le français en Suisse romande, aspects linguistiques et sociolinguistiques, *Le français hors de France,* Albert Valdman éd., Paris, Champion, 1979.

En outre, un certain nombre de cantons sont bilingues ou trilingues (Grisons, Valais, Fribourg, Berne). Il demeure cependant que l'État doit fonctionner, que l'administration doit administrer, et que se pose donc le problème de savoir en quelle(s) langue(s) gérer ce plurilinguisme. Car, si la Suisse est souvent considérée comme un modèle de démocratie, Marianne Duval-Valentin a raison de souligner que :

« Il ne suffit pas que les propositions de lois et les référendums puissent être librement discutés, encore faut-il que les citoyens puissent en débattre dans une langue qui leur est familière. »[1]

Le pays est officiellement trilingue depuis 1848, quadrilingue depuis 1938 (date à laquelle le romanche fut ajouté à l'allemand, au français et à l'italien), ces langues sont toutes les quatre « nationales », trois d'entre elles (allemand, français, italien) étant en même temps administratives. Concrètement, cela signifie qu'en chacun des points du territoire, dans chacun des cantons, on utilise dans l'administration et à l'école la langue parlée localement, et qu'au niveau fédéral il y a trois langues de travail. Et cette situation est une bonne illustration de la différence entre les principes de territorialité et de personnalité que nous avons présentés au chapitre III :

« La langue de travail obéit en Suisse au principe de la territorialité, aussi bien dans le privé que dans le secteur public, administration fédérale mise à part. Dans les grandes affaires (banques, assurances, etc.) et dans l'administration fédérale, les cadres moyens et supérieurs sont, dans la plupart des cas, bilingues (allemand-français), voire trilingues (avec l'italien en plus). Il est remarquable que les cadres de la majorité germanophones (75 % de la population) s'adressent généralement en français aux Romands (20 % de la population). Les Roman-

1. Marianne Duval-Valentin, La situation linguistique en Suisse, *La réforme des langues,* Istvan Fodor, Claude Hagège eds, Hambourg, Buske Verlag, 1983, vol. 1 p. 532.

ches ont accepté de s'exprimer en français ou en allemand, de même que les Tessinois. »[1]

Christian Rubattel a résumé cette situation de façon claire : « La Suisse n'est pas une communauté plurilingue, mais une juxtaposition de quatre communautés généralement unilingues dont les rapports sont régis par le principe de territorialité. »[2] A côté de cette situation fédérale, chacune de ces communautés, occupant une portion du territoire, connaît sa propre situation linguistique. Ainsi, dans la partie germanophone, qui fut l'un des exemples utilisés par Charles Ferguson pour illustrer sa notion de diglossie, on a une situation dialectale qui fait que l'on peut parler d'un berndütsch, d'un züridütsch, etc. (bernois, zurichois) avec coexistence entre une koiné suisse, sorte de lieu commun des dialectes, le Schwyzerdütsch et le Hochdeutsch, essentiellement utilisé dans l'écrit (et souvent appelé Schriftdeutsch). « La Suisse, écrit Duval-Valentin, se trouve dans une situation paradoxale qui est la suivante : il y a, d'une part, plusieurs organismes qui défendent la pureté de la langue allemande, mais il existe, d'autre part, de nombreuses associations vouées à la protection et à l'amélioration de la pratique dialectale. Nous avons donc là une *Sprachpflege* complétée par une très énergique Mundartpflege. »[3]

La communauté romanche connaît elle aussi une importante variation dialectale. Sa langue est divisée en trois groupes de parlers (romanche des Grisons, ladin des Dolomites, frioulan), eux-mêmes divisés en de nombreuses formes locales entre lesquelles la communication n'est pas toujours facile. En outre, dans le canton de Grisons, le romanche (parlé par 26 % de la population) coexiste avec l'alémanique (58 %) et l'italien (16 %), et se

1. M. Duval-Valentin, *op. cit.,* p. 469.
2. C. Rubattel, Une crise du français en Suisse romande ?, *La crise des langues,* Jacques Maurais éd., Gouvernement du Québec/Paris, Le Robert, 1985, p. 87.
3. M. Duval-Valentin, *op. cit.,* p. 498. Sprachpflege = « culture de la langue », Mundartpflege = « culture du dialecte ».

trouve menacé par ces deux langues à la fois dans sa forme (emprunts, calques) et dans son existence.

Dans le Tessin, on note également le coexistence de l'italien, d'un dialecte lombard et de parler locaux, et M. Duval-Valentin donne pour illustrer cette diversité l'exemple suivant : un Tessinois moyen, pour exprimer qu'il a mal à la tête, dira à sa femme, en « patois », *dori l'co*, à une relation, en dialecte, *fa ma a la testa* et en situation plus formelle, en italien, *mi fa male la testa*. Du côté francophone enfin, on note un certain nombre de régionalismes mais la situation en rien comparable à celles que nous venons de décrire pour l'italien ou le romanche.

Au-dessous du niveau fédéral, qui assure donc à la fois la gestion de la Confédération (en trois langues) et le principe de territorialité (pour quatre communautés linguistiques), les cantons peuvent eux aussi intervenir dans la politique linguistique. Un bon exemple est constitué par le canton bilingue de Fribourg qui a produit une « charte des langues » (en allemand *sprachencharta*) assurant dans le canton l'égalité des droits au français et à l'allemand mais proposant surtout un certain nombre de principes généraux. Ainsi on y trouve par exemple la condamnation de l'unification linguistique autour d'une langue majoritaire, de l'annexion de populations parlant la même langue, etc., ainsi que l'énoncé des droits linguistiques des citoyens et des devoirs linguistiques des autorités.

On voit donc ce qu'il y a de spécifique dans la gestion suisse du plurilinguisme : l'emboîtement des niveaux de compétence. Il existe une réglementation fédérale, les cantons bilingues gèrent leur propre situation et les communes ont compétence en matière d'enseignement pour décider de la langue ou des langues utilisées. Le résultat le plus important de ce type d'approche est que la majorité linguistique (germanophone) ne se comporte pas comme une majorité, n'impose pas sa langue aux minorités. Et cette « paix linguistique », garantie par un appareil juridique précis, constitue un modèle de politique et de planification que certains pays pourraient lui envier.

IV. — La défense du statut international d'une langue : l'exemple du français

Nous avons présenté au chapitre précédent l'action de la France sur la forme de la langue. Mais elle intervient aussi de façon continue sur son statut, en particulier son statut international. C'est avec la Révolution que débute une action culturelle et linguistique extérieure, action qui passe par l'intermédiaire des « œuvres », c'est-à-dire essentiellement des congrégations religieuses françaises à l'étranger. Qu'il s'agisse de l'aide aux écoles chrétiennes, des subventions aux missionnaires catholiques, aux protestants, à l'Alliance israélite universelle, pendant près d'un siècle la culture et la langue françaises sont promues à l'étranger grâce à différents vecteurs religieux. Il faudra attendre la fin du siècle dernier pour que des organisations laïques viennent rejoindre ce réseau : les Alliances françaises, nouvellement créées (1883), puis la Mission laïque (1902). L'État, à cette époque, n'intervient donc pas directement dans ce domaine, il se contente de financer des initiatives privées, par le biais du ministère des affaires étrangères, du ministère des colonies et, de façon plus inattendue, des recettes du pari mutuel. Ce n'est qu'en 1909 que sera créé un service « des écoles et des œuvres françaises » au ministère des Affaires étrangères, qui fut réorganisé après la guerre de 14-18 en trois sections chargées respectivement de l'action universitaire, de l'action artistique et des œuvres[1]. Mais c'est pendant la seconde guerre mondiale que l'action culturelle extérieure de la France va prendre sa forme actuelle. En 1941, le général de Gaulle crée à Londres des « commissariats » de la France libre, en fait des ministères, parmi lesquels le commissariat aux Affaires étrangères divisé en une « direction des affaires politiques » et un « service des affaires administratives et consulaires et des œuvres fran-

1. Ministère des Affaires étrangères, *Histoires de diplomatie culturelle des origines à 1995,* La Documentation française, Paris, 1995, p. 32-38.

çaises à l'étranger »[1]. Ce dernier deviendra en 45, après la libération, la « direction générale des relations culturelles et des œuvres françaises à l'étranger » qui, sous des appellations diverses, se maintiendra jusqu'à aujourd'hui.

Cette direction générale s'occupe essentiellement de l'enseignement du français à l'étranger (elle est d'ailleurs la seule, dans un ministère formé de diplomates, dont le personnel vienne en partie de l'Éducation nationale), et les postes de conseillers culturels que l'on commence à créer à la fin des années 40 sont à cette époque généralement occupés par des universitaires. Ainsi une option fondamentale prend lentement forme : la diffusion de la culture française à l'étranger passe par celle de la langue française, ce qui implique par exemple que l'on ne traduise pas les livres, mais qu'on les diffuse en français. Et il n'y a dans cette option rien d'évident : on peut lire la littérature russe, allemande ou espagnole en traduction française ou italienne, écouter en français une conférence sur la peinture chinoise ou suivre en anglais des films japonais. Le choix français sera différent, et il marque encore de nos jours la politique linguistique extérieure du pays. La Direction générale des relations culturelles deviendra ensuite Direction générale des affaires culturelles et techniques (1956), puis Direction générale des affaires culturelles, scientifiques et techniques (1969), mais derrière ces différentes appellations qui témoignent de l'élargissement de ses compétences (les techniques, puis les sciences s'ajoutant à la culture) elle poursuivra la même politique : diffuser en même temps la culture, la science et la langue françaises, ce qui implique bien sûr que l'on consacre beaucoup d'énergie à l'enseignement de la langue. C'est pourquoi la France est le pays au monde qui envoie le plus d'enseignants à l'étranger : sa politique culturelle extérieure est avant tout une politique de diffusion de la langue française. Nous ne présenterons pas ici les lieux d'impulsion et de décision chargés de cette politique : la

1. *Journal officiel* de la France libre, 14 octobre 1941.

France s'est dotée d'un nombre impressionnant de structures, d'organismes, de commissions, qui interviennent d'une façon ou d'une autre dans le domaine de la langue et des langues, et nous nous contenterons de résumer la politique linguistique extérieure du pays.

En Europe. — Mi-décembre 1994, au moment où la France s'apprêtait à prendre la présidence de l'Union européenne, le ministre français aux Affaires européennes proposait de limiter à cinq les langues de travail de la CEE (qu'il faut distinguer des langues officielles : celles de tous les pays membres), s'exposant aux protestations d'un certain nombre de « petits » pays. Le problème posé ici est à la fois technique et politique. Si nous nous en tenons au point de vue légal, il y a dans l'Europe des Quinze treize langues « nationales » différentes, mais deux États ayant renoncé à l'usage dans les institutions européennes d'une de leurs langues (l'Irlande a renoncé à l'irlandais et le Luxembourg au luxembourgeois) il ne reste que onze langues officielles, ce qui nous donne 110 combinaisons possibles d'interprétation. Cela implique des cabines de traduction, du personnel (les interprètes changent toutes les vingt minutes...), un budget énorme. En bref il est évident que la situation ne peut pas demeurer en l'état, qu'il faut limiter le nombre de langues, sauf à accepter de payer le coût énorme de l'égalité des langues (comme les Québécois paient le coût du bilinguisme). Mais l'hypothèse d'une limitation du nombre de langues nous fait passer à un plan politique plus large.

Il y a en effet ici deux solutions : soit on limite le nombre de langues de travail (c'est la proposition – contestée – de la France), soit on ne fait rien et cette politique par défaut pourrait à terme mener à la domination de fait de l'anglais. Les réactions face à cette hypothèse sont bien entendu différentes selon les pays, et l'on comprend que la France, qui accorde une grande importance à la défense de la langue, y soit opposée. A l'inverse on peut imaginer qu'un certain nombre de pays refusant l'idée des cinq langues soient disposés à accepter un statut particulier accordé à l'anglais qui est déjà la langue internationale de travail... A ce débat technico-politique s'en ajoute un autre : la liste des langues de travail proposée par la France. Il s'agit de l'anglais, du français, de l'allemand, de l'espagnol et de l'italien, c'est-à-dire des langues les plus parlées dans l'Europe des Quinze. Et ce choix est évidemment politique, il met l'accent sur la communication au sein de l'Europe, excluant du même coup le portugais, beaucoup plus parlé dans le monde que l'italien, l'allemand et même le français. C'est-à-dire que ce choix ignore le statut mondial des langues et ne prend en compte que la statistique (nombre de locuteurs) en Europe. A côté d'une approche technique (il faut limiter les langues de travail) la proposition française présentait donc une approche politique à deux niveaux :

— Il faut éviter que l'anglais ne devienne la seule langue de travail de l'Union.

— Il faut choisir les langues de travail en fonction de critères européens (d'où les cinq langues proposées, les plus parlées).

Cette approche, qui se situe dans le cadre de la politique européenne, masque en fait des intérêts nationaux : la proposition de la France, présentée comme capable de résoudre les difficultés de fonctionnement des institutions européennes, peut en même temps être considérée comme une façon de défendre le français, tandis que les réactions de « petits pays » constituent une défense de leurs langues derrière une défense du principe de l'égalité...

De la même façon, la France insiste depuis longtemps pour que les pays européens enseignent deux langues dans leurs lycées, et cette insistance peut être présentée comme un projet « européen » (former des jeunes européens trilingues), mais constitue en même temps une défense du français (si l'on enseigne qu'une seule langue, cela serait bien sûr l'anglais, et la deuxième langue est nécessaire pour assurer une place au français).

On voit donc que la politique linguistique de la France

en matière européenne est tiraillée entre ces deux principes : la gestion linguistique de l'Europe et la défense de la langue française. Derrière cela il y a l'idée que l'avenir du français se joue dans l'Union européenne, qu'il faut absolument éviter que l'anglais n'y devienne la seule langue de travail, idée exprimée nettement dans un ouvrage publié par le ministère des affaires étrangères :

« Ne nous y trompons pas toutefois, c'est dans l'Union européenne que se jouera l'avenir du français. Si demain, à la faveur des élargissements successifs, l'anglais s'imposait comme la seule langue de travail, comment pourrions-nous ailleurs défendre le statut international du français ? »[1]

Cette position, qui montre clairement où se trouve l'ennemi (le monolinguisme, certes, mais le monolinguisme anglophone), laisse cependant de côté une autre problématique. Si le statut international du français se joue symboliquement en Europe, son avenir statistique se joue en Afrique, où la démographie et les progrès possibles de la scolarisation assurent à la langue un réservoir immense de locuteurs potentiels. Et cela nous mène à un autre pan de la politique linguistique de la France, celui qui concerne la francophonie.

La francophonie. — Il faut considérer la francophonie de deux points de vue : la francophonie est en effet à la fois une réalité socio-linguistique, produit de l'histoire et en particulier de l'histoire coloniale, et un concept géopolitique d'apparition récente, dont l'idée a été lancée en 1964 par deux chefs d'État, Léopold Sedar Senghor et Habib Bourguiba.

A) *Une réalité socio-linguistique.* — Depuis le début de l'ère coloniale le français a connu une expansion mondiale qui en fait aujourd'hui la deuxième langue interna-

1. Ministère des Affaires étrangères, *Histoires de diplomatie culturelle des origines à 1995,* La Documentation française, Paris, 1995, p. 198.

tionale, après l'anglais et avant l'espagnol si l'on considère le nombre de pays dont elle est la langue officielle ou le nombre de pays qui l'utilisent dans leurs interventions à l'ONU, la quatrième langue internationale (après l'anglais, l'espagnol et le portugais) si l'on considère le nombre de ses locuteurs.

Le français est donc présent en Europe, en Afrique (une quinzaine de pays), dans l'océan Indien, aux Antilles, en Amérique latine (Guyane), en Amérique du Nord (Canada), au Proche-Orient (Liban) et, dans une moindre mesure, en Asie (Vietnam, Cambodge, Laos). On peut en 1995 évaluer le nombre de personnes qui utilisent quotidiennement le français au travail ou en famille à 120 millions. Il s'agit là de ma propre estimation, fondée sur des calculs dont le détail serait fastidieux à exposer. Le Haut Conseil de la francophonie dans un ouvrage intitulé *État de la francophonie dans le monde, rapport 1990*, distinguait pour sa part :

— les francophones réels qui ont du français (1er ou 2e langue) une maîtrise et un usage habituel : 106 millions ;
— les francophones occasionnels, vivant dans l'espace francophone mais ayant une maîtrise rudimentaire et une pratique limitée du français : 55 millions ;
— enfin les francisants, ceux qui hors de l'espace francophone ont appris ou apprennent le français : 100 millions.

Quoi qu'il en soit, et quel que soit leur nombre exact, ces personnes vivent dans des situations sociolinguistiques très différentes, qui vont de pays où le français est une langue largement dominante (la France, le Québec, une partie de la Belgique) à des pays où il n'est que la langue de l'État (c'est-à-dire de l'enseignement, de l'administration, de la justice, etc.), parlée par environ 10 % de la population (c'est le cas des pays de l'Afrique francophone). Ces situations se différencient aussi par les langues auxquelles le français y est confronté. Il y a des pays dans lesquels le français coexiste pratiquement avec une seule langue, comme la Tunisie, d'autres dans lesquels il coexiste avec plusieurs dizaines, voire des centaines de langues (Sénégal, Cameroun, Zaïre). Et ces situations se différencient enfin par les types de rapports entre ces langues, le français pouvant être langue dominante (comme en Afrique) ou langue dominée (comme au Canada ou en Louisiane). Dans une partie de ces pays se pose donc un problème sociolinguistique important. Ils se trouvent dans une situation de diglossie, mais avec cette particularité que la majorité de la population ne parle pas la « variété haute », la langue officielle, et se trouve donc de fait exclue de la vie publique, de l'enseignement, etc.

B) *Un concept géopolitique*. — En 1966, lors de sa première réunion, l'OCAM présentait au gouvernement français un projet de « Commonwealth à la française » (expression déjà utilisée l'année précédente par le président tunisien Habib Bourguiba), et cette formule montrait parfaitement l'aspect géopolitique de la francophonie : il s'agissait, après les indépendances des anciennes colonies, d'affirmer l'existence d'une entité politique comparable à celle que constituaient les pays de l'ancien empire britannique regroupés en une association politique.

La liste des pays « francophones » au sens géopolitique est légèrement différente de celle des pays sociolinguistiquement « francophones » mais elle est tout aussi variée. Si nous considérons par exemple les quarante-sept États et gouvernements regroupés sous un statut ou sous un autre par l'ACCT, nous constatons qu'à côté de pays comme la France ou la Belgique, entièrement ou partiellement francophones de façon indiscutable, et des pays anciennement colonisés par la Belgique ou la France dont le français est comme nous l'avons vu la langue officielle, siègent des pays où l'on ne parle guère le français (l'Égypte, la Guinée-Bissau, le Viêtnam...) tandis que d'autres pays où le français joue toujours un rôle non négligeable en sont absents (l'Algérie). Et ces apparentes incohérences montrent bien que l'adhésion à cette organisation de coopération francophone relève d'un choix politique : il est évident que le Viêtnam ou l'Égypte sont beaucoup moins francophones que l'Algérie et que leur présence dans une telle association ne tient pas à une logique linguistique mais à des considérations de politique internationale.

Quelle est la politique francophone de la France ? Elle a d'abord consisté, comme dans le reste du monde, à défendre la langue française, à assurer sa présence dans les structures des États membres, quitte dans certains pays (comme en Afrique) à s'opposer discrètement pour cela à la promotion des langues nationales, ou à ne pas la favoriser. Mais la francophonie a effectué en 1989 un virage important, du moins au niveau des discours. Lors du sommet des chefs d'États francophones de Dakar, en mai 1989, le président Mitterrand a tenu un langage neuf, faisant référence à un dialogue des langues et des cultures dans l'espace francophone. Depuis lors l'accent est mis sur les « langues partenaires », sur les problèmes de développement. Mais il s'agit là de la coopération multilatérale, alors que, dans le cadre de la coopération bilatérale, la France ne semble pas avoir changé de politique linguistique face à l'Afrique. Et apparaît ici une contradiction entre les politiques bilatérales (impulsées par le ministère de la Coopération) et multilatérales de la France. Si l'on considère par exemple que l'important en Afrique est de diffuser la langue française, il va de soi qu'il convient de faire porter ses efforts sur l'Enseignement et sur les médias. Mais si l'on considère que l'important est d'assurer dans ce continent un développement endogène, il faut alors se demander comment transmettre le savoir, le savoir-faire, si l'école en français est le meilleur vecteur de cette transmission, si l'utilisation de certaines langues africaines ne donnerait pas de meilleurs résultats. Et le choix entre ces deux directions est fondamental : dans le premier cas on assure (par le biais du français) la promotion individuelle de quelques élites, dans le second cas on cher-

cherait (par le biais de langues africaines) une promotion collective. Or la France a tendance à jouer la carte du français (et donc de la promotion individuelle) dans sa politique bilatérale alors que les organismes francophones multilatéraux en grande partie financés par la France s'orientent de plus à plus, mais avec moins de moyens, dans la seconde direction...

En outre, la francophonie est bien souvent le champ clos d'une guerre larvée entre les pays francophones du Nord, en particulier la France et le Canada, qui ont chacun, à côté de leur politique multilatérale, une politique bilatérale qui va parfois dans des directions différentes. Cette guerre des chefs fait de la Francophonie un lieu d'opposition entre les pays du Nord, bailleurs de fonds, au détriment de l'élaboration d'une ligne politique claire. La France n'a pas de politique francophone clairement exprimée ni dans le domaine bilatéral, ni dans le domaine multilatéral. Robert Chaudenson exprime parfaitement cette incohérence lorsqu'il écrit[1] :

« L'intérêt immédiat du Sud n'est ni dans les industries de la langue, ni dans les autoroutes de l'information, mais dans une diffusion massive, adaptée et efficace de la langue française dans le Sud parce que c'est, en Afrique, la condition première tant du développement que de la démocratie. Mais, par ailleurs, il est clair que le Sud a un intérêt puissant mais indirect, à ce que le français soit présent aussi bien dans les industries linguistiques et culturelles dans les autoroutes de l'information. »

Il esquissait ainsi une politique francophone possible, qui consisterait à doter la francophonie de grands objectifs communs, mais à réserver à chacun des pays membres des objectifs spécifiques, en fonction de leurs besoins et de leurs moyens. Cette démarche, cependant, entrerait en contradiction avec les revendications des pays du Sud et un certain clientélisme des pays du Nord, et le résultat en

1. Robert Chaudenson, « La politique francophone: y a-t-il un pilote dans l'avion? », communication au Colloque de Rennes, avril 1995.

est une paralysie presque totale de la politique linguistique francophone, malgré les moyens financiers importants dont elle dispose.

Le français dans le monde. — Pour le reste du monde, comme pour l'Europe dont nous avons traité plus haut, le problème de la politique linguistique de la France a un nom : l'anglais. C'est en 1919 que, pour la première fois dans l'histoire des relations internationales, un traité est rédigé en deux langues, le français et l'anglais. Le président américain Wilson avait en effet exigé que le traité de Versailles ne soit pas seulement écrit en français, comme c'était jusque-là l'usage. Date symbolique, car depuis lors la France se bat pour maintenir le statut international de « sa » langue, non sans succès d'ailleurs : à l'Unesco comme à l'ONU le français est parmi les quelques langues de travail, de nombreuses délégations l'utilisent dans leurs interventions et, surtout, le nombre de francophones dans le monde est en constante augmentation. Ainsi les Français ne sont-ils plus majoritaires dans l'ensemble des francophones, et le français n'est-il plus vraiment la langue de la seule France. Mais voilà : le français n'est plus la première langue internationale, il est largement dépassé par l'anglais, et son statut est comparable à celui de l'espagnol, voire même du portugais... On lit dans l'ouvrage du ministère des Affaires étrangères que nous avons déjà cité ce passage : « Ne nous trompons pas d'objectif, il ne s'agit pas de livrer bataille contre l'anglais, mais de se battre pour le maintien d'un pluralisme linguistique et culturel qui nous paraît nécessaire non seulement pour nous-mêmes, mais pour beaucoup de nos partenaires. »[1] Il est vrai que dans la revendication de l'exception culturelle par exemple, la France a certes défendu son cinéma mais en même temps le cinéma italien ou espagnol, comme il est vrai que les cinéastes japonais aimeraient bien que leur gouvernement prenne des positions comparables. Mais il

1. Id., *ibid.*, p. 197.

demeure que ce pluralisme linguistique et culturel, évoqué chaque fois que le français se trouve menacé, ne l'est guère lorsque ses positions sont plus sûres, comme en France ou en Afrique francophone.

Les auteurs des *Histoires de diplomatie culturelle* notent que lorsque Maurice Couve de Murville, ayant été dix ans ministre des Affaires étrangères, rédige ses mémoires, il y consacre quatre cents pages aux relations entre la France et les grands pays de ce monde et quatre pages aux questions culturelles. Or, durant ces dix années, la moitié du budget de son ministère allait aux Affaires culturelles et techniques[1]. Il est vrai que pendant de longues années la diffusion du français à l'étranger a d'abord été un *marché* plus qu'une politique. Les éditeurs et les auteurs de méthodes en ont retiré des bénéfices importants, et comme il fallait, d'un point de vue commercial, remplacer cycliquement ces méthodes, des « méthodologues » se sont attachés à produire de nouvelles « théories ». Des approches structuro-globale, audio-visuelle, communicative se succédaient, les exercices structuraux étaient un temps la panacée, bientôt remplacés par les microconversations, puis par d'autres innovations. Des organismes para-universitaires (BELC, CREDIF) se spécialisaient dans l'enseignement du français à l'étranger, avant que le FLE (français langue étrangère) devienne une spécialité proprement universitaire. Il y avait dans tout cela des intérêts financiers évidents, une approche théorique dont la profondeur ne sautait pas aux yeux et une relative absence de réflexion politique.

Ce déséquilibre entre le désintérêt politique et la mansuétude financière face à la politique culturelle et linguistique s'est prolongé sous les présidences de Georges Pompidou et de Valery Giscard d'Estaing, et c'est après l'élection de François Mitterrand que l'on a vu se multiplier les organismes, les réunions, les décisions concernant la langue et la francophonie, que l'on a vu le chef de l'État

1. *Op. cit.*, p. 104.

s'intéresser directement à ces problèmes. Mais le fait que la politique linguistique de la France soit semble-t-il dorénavant traitée au plus haut niveau ne garantit pas son unité.

La politique linguistique de la France a-t-elle une cohérence, et où se trouve-t-elle ? On peut douter de sa cohérence pour des raisons tout d'abord techniques : les lieux de décisions sont multiples, il n'existe pas de lieu de réflexion, par exemple universitaire, qui pourrait fournir aux décideurs des dossiers concrets, un suivi des situations, une analyse de la conjoncture. On peut aussi voir une certaine contradiction entre la défense affirmée du plurilinguisme en Europe et le peu d'empressement mis à défendre ce principe dans les frontières de la France lorsqu'il s'agit des langues régionales. On peut enfin, malgré un léger changement de cap depuis le sommet de Dakar, noter que la politique linguistique de la francophonie semble ignorer les langues dites « partenaires », faire fi du principe de plurilinguisme avancé ailleurs et ne pas se préoccuper de la place des langues dans le développement lorsqu'il s'agit du français en Afrique. En outre, pour ce qui concerne l'action linguistique intérieure et extérieure, un non-dit semble peser lourdement sur toutes les stratégies développées, *l'anglais*. La « loi Toubon » fait partout référence à des « termes étrangers » alors que les exemples qui apparaissent dans le *Dictionnaire des termes officiels de la langue française* remplacent tous des mots anglais, et la volonté de plurilinguisme affichée pour ce qui concerne l'Europe a toujours pour fonction de contrecarrer la menace d'une position dominante de l'anglais.

Pour toutes ces raisons, donc, il semble bien que cette politique linguistique n'ait aucune unité et l'on peut se demander avec Robert Chaudenson « s'il y a un pilote dans l'avion ». Mais la cohérence de cette politique se situe à un autre niveau, celui de la défense de la langue française, à la fois du point de vue du corpus (lutte contre les emprunts, néologie dans différents domaines, industries de la langue...) et du point de vue du statut (place du français dans les institutions internationales, enseignement du français langue étrangère, etc.). Depuis que la Révolution a décidé qu'à une République une et indivisible il fallait une langue une et indivisible, c'est le modèle monolingue qui règne et qui a été appliqué à la fois dans l'hexagone et en Afrique à l'époque coloniale. Les principes affirmés (plurilinguisme en Europe, dialogue entre français et langues partenaires dans l'espace francophone) le sont donc souvent de façon tactique. Mais, plus qu'une contradiction entre tactique et stratégie, il faut voir ici une subordination des principes à une fin : la politique linguistique de la France a une cohérence téléologique profonde qui la mène à une incohérence théorique et à des stratégies variées. Elle ne défend pas partout les mêmes principes parce qu'elle défend partout le français, même si elle ne le dit pas à haute voix, et même si elle ne sait pas toujours comment le défendre.

V. — Le remplacement d'une langue coloniale : les débuts de l'arabisation au Maghreb

Nous avons vu au chapitre 1 que les sociolinguistes et les militants catalans utilisaient la notion de *normalisation* pour désigner l'action sur les langues débouchant sur le remplacement dans ses fonctions officielles de l'espagnol par le catalan. Dans ce cas particulier, il s'agissait de *rendre* au catalan un statut qu'il occupait au début du siècle. Il en va différemment de l'arabe au Maghreb. « L'arabisation, écrit G. Grandguillaume, consiste à rendre arabe ce qui ne l'est pas. »[1] Et il ajoute quelques pages plus loin qu'il s'agit bien d'arabisation et non pas de réarabisation :

« Certes un retour aux sources, à la langue des origines,

1. Gilbert Grandguillaume, *Arabisation et politique linguistique au Maghreb,* Paris, Maisonneuse & Larose, 1983, p. 9. La majorité des informations rapportées ici viennent de cet ouvrage.

apparaît rassurant et se présente comme fondamentalement légitime. Mais concevoir l'arabisation comme un retour à un état de culture et de langue précolonial n'est bien évidemment qu'un leurre. Pour ne parler que de la langue, celle-ci doit exprimer aujourd'hui un monde totalement différent de ce qu'il fut naguère, en particulier, son emploi à la place du français la conduit à exprimer des réalités nouvelles par rapport au fonds linguistique arabe traditionnel. Il y a bien réarabisation au sens d'une restauration de la langue arabe comme langue de culture, mais non au sens de la pure résurgence d'une situation linguistique passée. »[1]

La situation de l'arabe au Maghreb est en effet différente de celle du catalan en Espagne : les structures de l'État dont l'arabe devait être le moyen d'expression et de gestion n'existaient pas avant la colonisation. En outre, le contexte linguistique y était très particulier. On a beaucoup écrit sur les rapports entre les langues en présence, arabe, berbère et français, et il est extrêmement difficile de faire le point sur cette question. Ce qui est sûr, c'est qu'il y a dans le Maghreb deux ensembles de langues maternelles : l'ensemble arabe et l'ensemble berbère. Sous des noms divers (berbère, kabyle, tamashek, tamazight, tachelhit, chleuh...) le berbère a, depuis la conquête arabe, toujours été considéré comme un dialecte minoritaire (même s'il est sans doute encore aujourd'hui majoritaire au Maroc) ne méritant pas la reconnaissance officielle. Quant à l'arabe langue maternelle, il a été semblablement dévalorisé :

« Le jugement (défavorable) de valeur dont l'Arabe assortit toute mention de la langue parlée par lui chaque jour se résume à la présenter sous l'aspect d'une corruption de l'arabe littéral qu'il faut, au plus tôt, laisser ou faire disparaître. »[2]

1. *Op. cit.*, p. 31.

2. Michel Barbot, Réflexions sur les réformes modernes de l'arabe littéral, *La réforme des langues,* Istvan Fodor, Claude Hagège eds., Hambourg, Buske Verlag, 1983, vol. 1, p. 133.

Outre ces langues maternelles, les trois pays du Maghreb était confrontés à deux autres langues, le français d'une part, héritage de l'époque coloniale, et l'arabe. Mais il est délicat de définir cet arabe, qui n'est pas la langue parlée. Il y a d'une part l'arabe classique, langue du Coran, sacralisée comme facteur identitaire et comme ciment de la communauté des croyants. Il s'agit à proprement parler d'une langue morte, comme le latin, que l'on apprend essentiellement pour lire le *Livre saint.* Il y a d'autre part l'arabe moderne, langue des médias, de l'appareil d'État, dont Granguillaume écrit :

« Sans référence culturelle propre, cette langue est aussi sans communauté. Elle n'est la langue parlée de personne dans la réalité de la vie quotidienne (...) Ce manque de référence communautaire de la langue arabe moderne est bien apparue aux tenants de l'arabisation : c'est pourquoi ils tentent, contre toute évidence, d'établir une confusion entre cette langue et la langue maternelle. Les exemples en abondent dans l'histoire des controverses où la revendication d'arabisation est exprimée en revendication de langue maternelle. »[1]

C'est donc cet arabe moderne qui est au centre du processus d'arabisation, qui se manifeste au Maroc à partir de 1957 (décision – avortée – d'arabiser le cours préparatoire), en Tunisie à partir de 1958 (institution des deux premières années d'enseignement en arabe) et en Algérie à partir de 1962 (instauration à l'école primaire de sept heures hebdomadaires d'arabe sur trente heures d'enseignement). On voit que dans les trois cas c'est par l'école que le processus a débuté. Mais les différences entre les trois pays nous imposent de les aborder dans un premier temps séparément. Nous allons donc présenter succinctement leurs politiques linguistiques dans les années 60 et 70 avant de revenir à une tentative de synthèse.

1. G. Grandguillaume, *op. cit.,* p. 25.

Au Maroc. — Malgré le silence officiel sur la question jusqu'à une date très récente, le Maroc est un pays linguistiquement hétérogène : Le berbère y est parlé, comme langue première, par au moins la moitié de la population[1]. Pourtant, lorsqu'en février 1956, quelques semaines avant l'indépendance, est créée à Rabat la *Ligue contre l'analphabétisme*, c'est uniquement en arabe qu'elle interviendra dans ses campagnes, et nous verrons que, dans tous les débats qu'a connus le Maroc à propos de l'usage public des langues, le problème berbère n'a jamais été posé : seul le Mouvement populaire (fondé en 1957) réclamera en permanence l'enseignement du berbère...

C'est à la rentrée 1957, immédiatement après l'indépendance que sous l'impulsion du ministre de l'Éducation nationale, Mohamed El Fassi, la première année du primaire est arabisée. La mesure précipitée et mal préparée sera un échec et, en conséquence, le ministre démissionnera en mars 1958. Mais la question est désormais à l'ordre du jour : le roi crée une commission de réforme de l'enseignement chargée de préparer un projet, et le problème de l'arabisation sera à nouveau abordé en juin 1958, lors de la première réunion du Conseil supérieur de l'Éducation nationale.

La première solution retenue va être celle de classes expérimentales : en 1960 on ouvre une classe entièrement arabisée à Rabat et à Fès, une autre à Casablanca en 1961. A la même époque, le ministère de la fonction publique et de la Réforme administrative inaugure des cours de formation en arabe pour tous les fonctionnaires. Parallèlement des organismes de réflexion sur l'arabisation sont créés à Rabat (Institut d'arabisation, Bureau permanent du congrès pour la coordination de l'arabisation dans les pays arabes) tandis que le Conseil supérieur de l'Éducation nationale, en octobre 1962, exige que l'arabe soit la langue unique d'enseignement. Le ministère

1. Aucun recensement n'a en fait posé la question linguistique et nous ne disposons que d'approximations sur le point.

hésite à cette époque entre deux stratégies : arabiser année par année ou matière par matière. C'est la première solution qui sera retenue et lancée en octobre 1963 : en 1967, tout le cycle primaire aura ainsi été, année après année, arabisé. Mais les résultats ne sont guère convainquants : l'afflux des élèves et la baisse du niveau de l'enseignement poussent le ministre Benhima à réglementer en 1965 l'accès des élèves dans le secondaire. Malgré les violentes réactions suscitées par cette décision, le ministre la maintiendra en avril 1966 et annoncera en même temps son intention de revenir à l'enseignement des matières scientifiques en français.

En 1965, le ministère de la Justice est officiellement arabisé, le reste de l'administration continuant à utiliser le français ou l'arabe, selon les cas, et plutôt le français si l'on en juge sur les nombreuses protestations des usagers. Granguillaume souligne avec humour que « cette francisation poursuit le Marocain jusqu'à la tombe, puisque même les autorisations d'enterrement sont rédigées en langue étrangère »[1]. En fait, si l'on met de côté la justice, l'arabisation de l'administration s'opérera de façon non coordonnée, dans le désordre.

En octobre 1968, le roi annonce une mesure un peu surprenante mais qui semble poser le problème de l'enseignement d'une façon nouvelle. Il s'agit d'ouvrir dans tous le pays une sorte de cycle préscolaire, des écoles coraniques « modernes » que les enfants fréquenterons de cinq à sept ans. Ce système, qui sera effectivement mis en place, tranche de façon nette dans le débat sur la question de savoir quel arabe enseigner : si les enfants marocains commencent leur cycle scolaire par deux années d'école coranique, c'est bien évidemment l'arabe du Coran qu'ils vont y étudier. Ils entreront ensuite dans le système de l'enseignement primaire. Pour le reste, et malgré des protestations d'une partie de l'opinion, le bilinguisme est maintenu à partir de la troisième année du primaire.

1. *Op. cit.*, p. 79.

En Tunisie. — La Tunisie est le pays du Maghreb dont la situation linguistique est la plus simple : le berbère en a pratiquement disparu et la taille réduite du territoire fait que l'arabe parlé y est presque unifié. C'est donc en 1958 que l'on introduit l'arabe dans les deux premières années du primaire, cette mesure étant accompagnée de la suppression des écoles coraniques. La même année, on décidait d'une intervention sur l'environnement linguistique : les enseignes de tous les commerces étaient arabisées. Onze ans plus tard Ahmed Ben Salah qui est, au gouvernement, responsable de l'éducation, décide de rétablir l'enseignement du français dans ces deux premières années. Il semble disposer du soutien du président Bourguiba mais, en novembre 1969, deux mois après la rentrée scolaire, il perd son poste. Sa réforme sera pourtant appliquée et maintenue pendant deux ans. La première année du primaire sera à nouveau arabisée en 1971, la seconde en 1976 et la troisième en 1977. Parallèlement, on arabisait un certain nombre de matières dans le secondaire (philosophie, histoire, géographie) et dans le supérieur (sciences humaines).

Mais, dans le même temps, un débat (entamé à l'assemblée nationale en 1970) sur l'arabisation agitait la classe politique et les intellectuels. Il s'agissait surtout de s'opposer à la notion de « tunisification », avancée par certains ministres, qui ne mettait pas le problème linguistique au premier plan. Puis, en 1974, une polémique éclate entre Hedi Balegh, qui réclame que l'on utilise le dialectal tunisien et non pas les « langues aristocratiques » que sont le littéral et le français, et le ministre Mzali pour qui « l'arabe parlé n'est pas une langue de civilisation ». Pendant ce temps, l'arabisation de l'administration a lieu, comme au Maroc, dans le désordre. Seuls les ministères de la justice et de l'intérieur sont arabisés au début des années 70, mais en quel arabe ? Une anecdote célèbre illustre bien le problème. Le président de la République, Habib Bourguiba, dans un discours prononcé en 1965, soulignait que le fait de rédiger des procès-verbaux en arabe littéral alors que les déclarations étaient faites en arabe parlé risquait de déformer celles-ci, et il aurait déclaré à un officier de police (en dialectal tunisien) : « Elle a fait sa déclaration en dialecte, inscris-la telle quelle. » Sept ans plus tard, en juillet 1972, il reviendra sur ce point dans une interview à la télévision française, expliquant à propos des Tunisiens : « Je ne leur parle pas l'arabe régulier, l'arabe des anciens, mais l'arabe qu'ils parlent eux-mêmes... »

Ces différents débats semblent étrangement calmes si on les compare à ce qui s'est passé en Algérie. Il est vrai que le problème du berbère, nous l'avons dit, ne se posait pas en Tunisie, ce qui a considérablement dépassionné les échanges. Mais, malgré le poids de la religion, le problème du dialectal, de l'arabe parlé ou tunisien, comme on voudra (on l'appelle en tunisien *bârbrî* !), a été posé d'une façon claire, à différents niveaux, y compris le plus élevé, ce qui est loin d'être le cas dans les deux autres pays.

En Algérie. — Le problème de l'arabisation baigne dès l'origine en Algérie dans les contradictions internes d'un État « socialiste », que sa politique étrangère pousse vers les pays de l'Est, et qui pratique par ailleurs des références permanentes à l'Islam. Quelques mois après l'indépendance, à la rentrée 1962, le gouvernement algérien introduit sept heures hebdomadaires d'enseignement de l'arabe dans le système scolaire primaire. La réforme se poursuivra à marches forcées : dix heures hebdomadaires plus un enseignement religieux en 1964, première année du primaire entièrement arabisée, et enfin création d'un « enseignement originel » entièrement arabisé et à coloration religieuse qui se maintiendra jusqu'en 1976. L'absence d'enseignants compétents poussera à recruter des « moniteurs » d'un niveau très faible et le plus souvent issus des écoles coraniques, ainsi que des instituteurs égyptiens, puis syriens. Après le coup d'État qui renverse Ben Bella en 1965, l'arabisation se poursuit au même rythme : la deuxième année du primaire est arabisée en 1967, les années suivantes sont partiellement arabisées en 1968, etc. A l'université en revanche, les choses vont beaucoup moins vite : les étudiants sont hostiles à l'enseignement en arabe[1] et l'on se contente, en 1971, d'instaurer un examen obligatoire d'arabe dans toutes les licences enseignées en français.

Les choses vont également très vite dans les rouages de l'État. En 1968 un décret décide l'arabisation de l'administration. Il est suivi, en 1970, d'un arrêté ministériel fixant le niveau d'arabe que doivent avoir les fonctionnaires (les hauts fonctionnaires en seront dispensés en 1973). Ces mesures sont différemment reçues : en particulier, les fonctionnaires en place craignent d'être licenciés ou de ne pas avoir de promotion. Mais l'arabisation se poursuit au même rythme ou presque : les actualités cinématographiques avaient été arabisées en 1967, le tiers des sections scientifiques de la première année du secondaire le sont en 1971, les inscriptions publiques en 1976, etc.

Tout au long de cette politique d'arabisation, trois problèmes sont constamment sous-jacents :

— Le problème du dialectal. En 1963 par exemple aura lieu une vive polémique sur les chansons diffusées par Radio-Alger, auxquelles on reproche d'être trop souvent en arabe classique alors qu'il existe une chanson populaire en arabe algérien.

— Le problème du kabyle. Comme au Maroc, il est difficile de savoir de façon sûre combien d'Algériens ont le berbère pour langue maternelle, mais on peut les estimer à 30 % de la population. Ces berbères se sont dès l'indépendance opposés à l'arabisation au nom de la défense de leur langue et de leur culture, ce qui les a amenés d'abord à marquer une préférence pour le maintien du français, puis à revendiquer l'utilisation officielle des « langues

1. Selon une enquête menée par l'Université de Berkeley, à la demande de l'Algérie, en 1967, 80 % des jeunes Algériens sont hostiles à l'arabisation de l'Université.

populaires », c'est-à-dire l'arabe algérien et le berbère. Face à ces réticences, le pouvoir a longtemps répliqué par la répression : suppression, en 1973, de la chaire de berbère qu'occupait à l'Université Mouloud Mammeri, interdiction, en 1976, de la revue *Le Fichier berbère*, en 1980 d'une Conférence de Mammeri sur la poésie kabyle, etc.

— Et derrière tout cela apparaît, bien sûr, le problème de la religion, commun au trois pays du Maghreb.

Ces trois pays avaient un passé commun (territoire à l'origine berbère occupé par les Arabes puis colonisé par la France), un problème commun (comment passer à un enseignement en arabe ?), mais, nous l'avons vu, des situations et des approches très différentes de ce problème. Ils ont, certes, essayé d'harmoniser leurs politiques linguistiques (Conférence des ministres de l'Education nationale du Maghreb en février 1966 à Tunis, création d'un Comité consultatif maghrébin chargé de travailler sur la détermination d'un « arabe fondamental » pour tout le Maghreb, deuxième réunion de la Conférence des ministres de l'Éducation nationale en avril 1967 à Alger, troisième réunion en juin 1969 à Rabat, etc.). Mais ils ne se sont pas vraiment dotés d'organismes communs d'arabisation. La liste qu'en dresse G. Grandguillaume est de ce point de vue éloquente. Sous le titre « Les institutions de l'arabisation » il donne deux organismes permanents, *L'Institut d'études et de recherches pour l'arabisation* (à Rabat) et le *Bureau pour la coordination de l'arabisation*, financé par la Ligue arabe et qui se consacre à la terminologie, auxquels il faut ajouter quatre organismes se réunissant cycliquement, parmi lesquels seul le *Comité consultatif maghrébin* a produit un ouvrage, consacré à l' « arabe fonctionnel ». C'est peu, d'autant plus que le conflit frontalier entre l'Algérie et le Maroc à propos du territoire saharaoui n'a pas facilité la collaboration entre les linguistes de ces deux pays...

Il est difficile aujourd'hui d'évaluer le résultat de ces politiques linguistiques (les uns s'en félicitent, d'autres vont jusqu'à dire qu'on a créé une génération d'analphabètes en arabe et en français). Mais il est évident que l'arabisation, au moins en Algérie et au Maroc, est loin d'être un grand succès, et nous pouvons tenter de dresser une liste des principales raisons des difficultés rencontrées :

— La confusion constante entre le niveau politique et le niveau religieux. Ce problème a certes été traité de façons différentes selon les pays (on a supprimé les écoles coraniques en Tunisie, on en a fait une sorte de cycle pré-primaire au Maroc), mais le statut idéologique très particulier de la langue chez les Arabes a lourdement pesé sur les discussions.

— Le fait que la langue choisie comme langue nationale ne soit jamais la langue parlée par le peuple.

— Le problème berbère, du moins dans deux des trois pays : en Algérie et au Maroc, l'arabisation a été perçue par les Berbères comme dirigée contre leur langue et leur culture.

— Le fait que le français, même si son importance a beaucoup diminué, soit restée une langue de privilégiés.

Ainsi, la fonction nationaliste de l'arabisation a été en quelque sorte « polluée » à la fois par l'intégrisme musulman, les conflits entre Arabes et Berbères et les ressentiments postcoloniaux face à la langue française. Là où la Tanzanie et l'Indonésie, pays également musulmans, ont su promouvoir une langue nationale qui ne lésait pas les langues maternelles, là où la Suisse a tenté, non sans succès, d'aménager son plurilinguisme, les pays du Maghreb ont fait un choix qui ne pouvait que mener à de violents conflits dont nous n'avons pas fini de voir les effets.

Mais l'effet le plus marquant de l'histoire sur les situations linguistiques est sans doute dans ce fait que les pays du Maghreb en sont encore à assurer chez eux le statut d'une des langues les plus parlées au monde, alors que la France œuvre au statut de sa langue dans le monde.

CONCLUSION

Les politiques linguistiques sont partout à l'œuvre dans le monde, accompagnant chaque fois des mouvements politiques et sociaux, le changement linguistique venant renforcer l'émergence des nations, leur cohésion, et parfois au contraire l'éclatement de certains pays en entités politiques nouvelles. Nous en avons évoqué de nombreux exemples, en particulier dans les chapitres IV et V de ce livre. En Norvège la quête d'une langue unifiée est venue renforcer la volonté nationale en agissant sur la langue pour la distinguer le plus possible du danois. Ailleurs cette traduction linguistique du nationaliste peut accompagner les pires actions militaires : dans l'ex-Yougoslavie par exemple ceux-là mêmes qui parlaient hier une langue commune, le serbo-croate, s'appliquent aujourd'hui à parler serbe, croate ou bosniaque[1]. Dans les pays du Maghreb les problèmes religieux, interférant avec les problèmes linguistiques, ont bien souvent perverti les débats, etc. Les politiques linguistiques sont là pour nous rappeler, si nous en doutions, les liens étroits entre langues et sociétés.

Mais d'autres politiques linguistiques (en Tanzanie, en Suisse, en Indonésie, en Catalogne...) semblent avoir été des succès. D'où vient qu'une politique linguistique puisse réussir ou avoir des difficultés à être appliquée ? Les facteurs facilitant la réussite peuvent être historiques (en Tanzanie par exemple le swahili était, au moment de l'indépendance, depuis longtemps écrit et utilisé dans l'admi-

1. En 1991 paraissait à Zagreb un Dictionnaire des distinctions des langues serbe et croate, *Razlikovni Rjecnik Srpskog i Krvatskog Jezika.*

nistration locale, ce qui a facilité sa promotion). Ils sont souvent symboliques : le swahili encore était perçu comme la langue de l'indépendance, et surtout ne pouvait pas être assimilé à la langue d'un groupe ethnique s'imposant aux autres, tout comme le malais en Indonésie. Les facteurs œuvrant en sens contraire sont parfois techniques : l'absence d'équipement d'une langue, la trop grande précipitation, ou encore la taille du pays (comme dans le cas de la Chine). Ils tiennent souvent à l'impérialisme linguistique de l'État, comme dans les pays du Maghreb où la langue nationale n'est pas vraiment parlée par le peuple. Ils tiennent enfin aux modes de décisions, de façon contradictoire : si les régimes forts, comme celui de la Turquie, peuvent sans difficulté, du moins pour un temps, imposer leur politique, trop de démocratie, comme en Norvège, peut également nuire au processus de planification.

Que faut-il donc pour qu'une politique linguistique ait toutes les chances de son côté ? A la lumière des études de cas présentées dans ce livre et d'autres que nous n'avons pas eu la place d'évoquer, il est possible de dresser un liste de facteurs optimaux, liste qui relève d'ailleurs presque du bon sens. Pour qu'une langue puisse être par exemple promue langue nationale, il est préférable :

— Qu'elle soit parlée par une très large majorité de la population.

— Qu'elle soit acceptable comme symbole de l'unité nationale, sans léser personne, et le meilleur cas de figure de ces deux points de vue est une langue véhiculaire, s'il en existe.

— Qu'elle soit équipée, prête à remplir les fonctions auxquelles on la destine. Dans le cas contraire, cet équipement doit impérativement passer avant la promotion de la langue.

— Que la politique linguistique soit expliquée à la population et acceptée par elle.

Dans son ouvrage consacré à l'histoire du swahili, Wilfred Whiteley s'interrogeait : « Quelles leçons nous donnent la Turquie des années 30 et 40, la Malaisie et la Chine aujourd'hui ou *1984* de Georges Orwell ? »[1] Et cette association de quelques exemples de planification linguistique et d'un roman de politique fiction qui a longtemps symbolisé le totalitarisme est intéressante, en ce qu'elle met précisément l'accent sur le problème de la démocratie. Dans toute planification il y a un petit nombre de planificateurs et un grand nombre de planifiés auxquels on ne demande que rarement leur avis. L'exemple de la francophonie est de ce point de vue intéressant. On voit bien l'importance de l'Afrique pour l'avenir de la langue française, mais une politique linguistique conséquente devrait aussi se poser la question de l'importance du français pour l'avenir de l'Afrique : quel rôle jouent les langues dans le développement, quelle place le français peut-il tenir dans ce processus, etc.

Les politiques linguistiques posent aussi des problèmes théoriques. L'histoire récente de l'intervention humaine volontaire sur les langues nous montre que l'on a la politique linguistique de sa linguistique. Les premiers théoriciens ne se préoccupaient que de l'action sur la forme des langues, à une époque où la linguistique ne se préoccupait que de décrire la structure des langues. Puis, au fur et à mesure que la linguistique devient sociolinguistique, qu'elle tente de décrire les rapports entre langues et sociétés, qu'elle s'intéresse au plurilinguisme, aux sentiments linguistiques, etc., les politiques linguistiques s'intéressent aux fonctions des langues, et ce passage du *corpus* au *statut* témoigne autant de l'évolution de la politique linguistique que de celle de la science des langues.

Mais la question théorique première que pose l'idée même de politique linguistique est la suivante : dans quelle mesure l'homme peut-il intervenir sur la langue et les langues ? De nombreux exemples nous montrent que cette intervention est possible, mais ils ne nous dispensent

1. W. Whiteley, *Swahili, the Rise of a National Language,* Londres, 1969, p. 93.

pas de théorisation. En fait, nous avons vu que les politiques linguistiques fonctionnent sur le mode du *mime*, qu'elles tentent de reproduire *in vitro* ce qui s'est produit des milliers de fois *in vivo*, dans l'histoire des langues. Mais nous avons vu aussi que, parfois, ces politiques échouent, qu'elles se heurtent à des difficultés pratiques : le mime atteint alors ses limites. Et ce principe d'évolution tendancielle vers un niveau d'inefficacité pourrait être une sorte de vengeance des langues, c'est-à-dire des locuteurs, sur ceux qui prétendent leur dicter une évolution.

BIBLIOGRAPHIE

Alisjabana Takdi, *Language Planning for Modernization, the Case of Indonesian and Malaysian*, Mouton, 1976.

Aracil Lluis, *Conflicte lingüistic i normalitzacio lingüistica a l'Europa nova*, 1965, en français (ronéoté), version catalane, Barcelona, 1982.

Bazin Louis, La réforme linguistique en Turquie, *La réfome des langues*, Hambourg, 1985.

Calvet Louis-Jean, *Linguistique et colonialisme*, Paris, Payot, 1974.

Calvet Louis-Jean, *La guerre des langues et les politiques linguistiques*, Paris, Payot, 1987.

Calvet Louis-Jean, Antoine Meillet, la politique linguistique et l'Europe : les mains sales, in *Plurilinguismes*, n° 5, Paris, CERPL, 1993.

Catafago André, Le norvégien : des problèmes mais pas de crise véritable, *La crise des langues*, Jacques Maurais éd., Gouvernement du Québec / Paris, Robert, 1985.

Chaudenson Robert, *1989, vers une révolution francophone ?* Paris, L'harmattan, 1989.

Chaudenson Robert, *La francophonie : représentations, réalités, perspectives,* coll. « Langues, économie et développement », Institut d'études créoles et francophones, Aix-en-Provence, 1991.

Cobarrubias Juan et Fishman Joshua, *Progress in Language Planning. International Perspectives*, Berlin, Mouton, 1983.

Duval-Valentin Marianne, La situation linguistique en Suisse, *La réforme des langues*, Istvan Fodor, Claude Hagège eds., Hambourg, Buske Verlag, 1983, vol. 1.

Éloy Jean-Michel (éd.), *La qualité de la langue ? Le cas du français*, Paris, Champion, 1995.

Fasold Ralph, *The Sociolinguistics of Society*, Londres, Blackwell, 1984.

Ferguson Charles, Diglossia, *Word*, 15, 1959.

Ferguson Charles, National Sociolinguistic Profile Formula, *Sociolinguistics*, W. Bright éd., La Haye, Mouton, 1966.

Fernandez Mauro, Diglossia, *A Comprehensive Bibliography 1960-1990*, Amsterdam/Philadelphia, John Benjamins Publishing Company, 1993.

Fishman Joshua, Bilingualism with and without Diglossia, Diglossia with and without Bilingualism, *Journal of Social Issues*, n° 32, 1967.

Fishman Joshua, *Sociolinguistics*, Rowley, Mass., Newbury House Publishers, 1970.

Fishman Joshua (éd.), *Advances in Language Planning*, 1974.

Fishman Joshua, *Reversing Language Shift*, Clevedon, Multilingual Matters, 1991.

Gobard Henri, *L'aliénation linguistique ; analyse tétraglossique*, Paris, Flammarion, 1976.

Grandguillaume Gilbert, *Arabisation et politique linguistique au Maghreb*, Paris, Maisonneuse & Larose, 1983.

Hamel Rainer Enrique, Politicas y planificacion del languaje: una introduccion, *Iztapalapa*, n° 29, Mexico, 1993.
Haugen Einar, Planning in Modern Norway, in *Anthropological Linguistics*, 1/3, 1959.
Haugen Einar, Linguistics and Language Planning, *in* William Bright, *Sociolinguistics*, La Haye, Mouton, 1966.
Haugen Einar, *Language Conflict and Language Planning, the Case of Modern Norwegian*, Cambridge, Harvard University Press, 1966.
Haugen Einar, The Implementation of Corpus Planning: Theory and Practice, *in* Juan Cobarrubias and Joshua Fishman, *Progress in Language Planning. International Perspectives*, Mouton, 1983.
Haut Conseil de la francophonie, *État de la francophonie dans le monde*, Paris, La Documentation française, 1994.
Knecht Pierre, Le français en Suisse romande, aspects linguistiques et sociolinguistiques, *Le français hors de France*, Albert Valdman éd., Paris, Champion, 1979.
Kloss Heinz, Abstand Languages and Ausbau Languages, in *Anthropological Languages*, 9, 1967.
Kloss Heinz, *Research Possibilities on Group Bilingualism: a report*, Québec, CIRB, 1969.
Labrie Normand, *La construction linguistique de la Communauté européenne*, Paris, Champion, 1993.
Labrousse Pierre, Réforme et discours sur la réforme: le cas indonésien, *La réforme des langues*, Istvan Fodor, Claude Hagège eds, Hambourg, Buske Verlag, 1983, vol. 2.
Lafont Robert, Un problème de culpabilité sociologique: la diglossie franco-occitane, in *Langue française*, 9, 1971.
Laporte Pierre-Étienne, Les mots clés du discours politique en aménagement linguistique au Québec et au Canada, in *Le plurilinguisme européen*, Paris 1994.
Lehmann W. (éd.), *Language and Linguistics in the People's Republic of China*, University of Texas Press, 1975.
Maurais Jacques (sous la direction de), *La crise des langues*, Gouvernement du Québec / Le Robert, 1985.
Ministère des Affaires étrangères, *Histoires de diplomatie culturelle des origines à 1995*, Paris, La Documentation française, 1995.
Ninyoles Rafael, *Estructura social y politica linguistica*, Valencia, 1975.
O'Barr William et Jean, *Language and Politics*, Mouton, 1976.
Prudent Lambert-Félix, Diglossie et interlecte, in *Langages*, 61, 1981.
Ray Punya S., *Language Standardization: Studies in Prescriptive Linguistics,* La Haye, Mouton, 1963.
Robillard Didier de, *L'aménagement linguistique: problématiques et perspectives,* thèse, Université de Provence, 3 vol., Aix-en-Provence, 1989.
Rubattel Christian, Une crise du français en Suisse romande?, *La crise des langues*, Jacques Maurais éd., Gouvernement du Québec/Paris, Le Robert, 1985.
Rubin Joan, Jernudd Björn (eds), *Can Language be Planned?* The University Press of Hawaï, Honolulu, 1971.
Stewart William, An Outline of Linguistic Typology for Describing Multilingualism, *Study on the Role of Second Languages in Asia, Africa and Latin America*, Washington, 1962.
Stewart William, A Sociolinguistic Typology for Describing National

Multulingualism, *Reading in the Sociology of Language*, La Haye, Mouton, 1968.

Tauli Valter, Practical Linguistics: The Theory of language Planning, *Proceedings of the Ninth Congress of Linguists,* Cambridge, Mass., 1962, La Haye, Mouton 1964.

Tauli Valter, *Introduction to a Theory of Language Planning*, Uppsala 1968, mais rédigé dès 1962.

Turi Joseph, Le pourquoi et le comment du droit linguistique, *Langage et société*, n° 47, Ottawa, 1994.

Vallverdu Francesc, *La normalitzacio linguïstica a Catalunya*, Barcelona, Laia, 1979.

Varro Gabrielle, Les langues immigrées face à l'école française, *Language Problems and Language Planning*, vol. 8, n° 2, 1992.

Whiteley Wilfred, *Swahili, the Rise of a National Language*, Londres, 1969.

Yang Jian, Problèmes de chinois contemporain, *La crise des langues*, Jacques Maurais ed., Gouvernement du Québec/Paris, Robert, 1985.

Youssi Abderrahmin, La triglossie dans la typologie linguistique, *La Linguistique*, 19, 2, 1983.

TABLE DES MATIÈRES

Imprimé en France
Imprimerie des Presses Universitaires de France
73, avenue Ronsard, 41100 Vendôme
Février 1996 — N° 42 225